VIN INFUSÉ MAISON

100 RECETTES FACILES ET SAVOUREUSES

MARINE DESROCHES

Avertissement

Les informations contenues dans cet eBook sont destinées à servir de collection complète de stratégies sur lesquelles l'auteur de cet eBook a effectué des recherches. Les résumés, stratégies, trucs et astuces ne sont que des recommandations de l'auteur, et la lecture de cet eBook ne garantit pas que ses résultats refléteront exactement les résultats de l'auteur. L'auteur de l'eBook a fait tous les efforts raisonnables pour fournir des informations actuelles et précises aux lecteurs de l'eBook. L'auteur et ses associés ne sauraient être tenus responsables des erreurs ou omissions involontaires qui pourraient être constatées. Le contenu de l'eBook peut inclure des informations provenant de tiers. Les documents de tiers comprennent les opinions exprimées par leurs propriétaires. En tant que tel, l'auteur de l'eBook n'assume aucune responsabilité pour tout matériel ou opinion de tiers.

TABLE DES MATIÈRES

TABLE DES MATIÈRES..................................4

INTRODUCTION....................................... 8

VINS INFUSES.....................................10

1. Vin infusé à la sangria blanche.................... 11
2. Oranges et figues au vin rouge épicé...........14
3. Vin infusé au café d'anis étoilé................... 17
4. Vin de rose, de fraise et de raisin..................20
5. Pêches au vin de glace........................ 23
6. Vin au citron et au romarin.................... 25
7. Vin de kiwi fait maison........................28
8. Mangues au vin............................... 30
9. Vin de pissenlit..............................32
10. Vin de pomme chaud........................ 34
11. Coupe de vin chaud aux canneberges au coin du feu. 37
12. Vin au poivre............................... 40
13. Ananas au porto............................ 42
14. Vin de rhubarbe............................ 45
15. Vin épicé chaud............................ 48
16. Vin infusé aux canneberges.................... 50
17. Vin infusé à la framboise et à la menthe................ 52
18. Vin infusé d'amour...........................55
19. Pommes au vin rouge........................ 58
20. Vin de poivre de Bajan....................... 61
21. Vin de dessert orange........................63
22. Orange au sirop de vin rouge.................. 66
23. Vin orange................................69
24. Vin de gingembre........................... 72

25. Vin chaud..74

26. Refroidisseur de vin..77

27. Lait de poule au vin.......................................79

28. Refroidisseur de vin de pêche...........................82

29. Vin infusé au thé vert....................................84

30. Daiquiri au vin rafraîchissant..........................87

31. Cocktail melon et fraise.................................89

32. Vin scintillant de bijoux................................92

33. Vin au romarin et thé noir..............................95

34. Spritzer au thé Earl Grey...............................98

35. Chocolat chaud infusé au vin..........................100

36. Punch aux canneberges et au vin....................103

VIN-NOURRITURE INFUSÉE............................ 105

37. Compote de fruits et vin...............................106

38. Truffes au chocolat.....................................109

39. Glace aux fraises.......................................112

40. Mousse de melon au vin muscat.....................115

41. Gâteau au vin et aux noix d'Israël...................118

42. Biscuits au vin...121

43. Fondue au vin de groseille............................124

44. Gâteau et pudding au vin.............................127

45. Granité au vin rouge et myrtilles....................130

46. Coupé melon et myrtille...............................133

47. Tarte au citron vert avec crème au vin.............136

48. Rouleaux Matzoh-vin...................................139

49. Moustokouloura.......................................142

50. Gaufrettes au vin d'orange..........................145

51. Gâteau aux amandes à l'orange.....................148

52. Tarte aux prunes à la crème fraîche................151

53. Brownies au vin rouge................................154

54. Panna cotta à la vanille.............................157

55. Tarte au vin..160

56. Zabaglione...163

57. Fruits d'hiver au vin rouge.....................................165

58. Gâteau au thé au citron.......................................168

59. Moules infusées au vin et au safran........................171

60. Pétoncles sauce au vin...................................... 174

61. Steaks de flétan sauce au vin...............................177

62. Rouleaux de viande grecs en sauce au vin.............. 180

63. Lentilles aux légumes glacés................................ 183

64. Flétan sauce aux légumes....................................186

65. Saucisses aux fines herbes au vin........................... 189

66. Roulés de poisson au vin blanc.............................192

67. Tofu aux fines herbes sauce au vin blanc................195

68. Poulpe grillé mariné au vin rouge........................198

69. Plantains sucrés cuits au four dans du vin............. 201

70. Pâtes sauce citron et vin blanc............................ 204

71. Pâtes aux moules au vin................................... 207

72. Fettucine au vin rouge et olives........................... 210

73. Pâtes orecchiette et poulet................................. 213

74. Bœuf à la sauce portobello................................216

75. Fromage italien et saucisse au vin rouge................219

76. Champignons et tofu au vin................................. 222

77. Soupe abricot-vin.. 225

78. Soupe de champignons au vin rouge......................228

79. Borleves (soupe au vin).................................... 231

80. Soupe au vin de cerise......................................234

81. Soupe danoise aux pommes............................... 237

82. Salade de jello au vin de canneberge....................240

83. Moutarde de Dijon aux herbes et au vin................. 243

84. Bucatini au vin... 245

85. Asperges au vin...248

86. Moutarde, côtelettes de gibier marinées au vin...... 250

87. Ailes de poulet avec vinaigrette au vin................... 252

88. Oeufs en meurette..255

89. Risotto au vin rouge et champignons...................... 258

90. Gaspacho au vin rouge..261

91. Riz et légumes au vin.. 264

92. Bébé saumon farci au caviar.................................... 267

93. Riz pilaf à l'ail et au vin...270

94. Foie d'agneau basque sauce vin rouge......................273

95. Boeuf braisé au vin Barolo.....................................276

96. Crocodile braisé au vin blanc................................. 279

97. Calamars à l'umido.. 282

98. Queues de bœuf braisées au vin rouge.....................285

99. Poisson en cocotte au vin....................................... 288

100. Côtelettes de porc grillées infusées au vin...........291

CONCLUSION.. 294

INTRODUCTION

Infuser avec du vin peut être un plaisir et un agrément pour bien manger, boire et bien manger ! Lorsque le vin est chauffé, la teneur en alcool ainsi que les sulfites disparaissent, ne laissant que l'essence conférant une saveur subtile.

La première et la plus importante des règles : N'utilisez que des vins dans votre cuisine ou des boissons que vous boiriez. N'utilisez jamais de vin que vous ne boiriez pas ! Si vous n'aimez pas le goût d'un vin, vous n'aimerez pas le plat et la boisson dans lesquels vous choisissez de l'utiliser.

N'utilisez pas les soi-disant "vins de cuisine!" Ces vins sont généralement salés et contiennent d'autres additifs qui peuvent affecter le goût du plat et du menu que vous avez choisis. Le processus de cuisson/réduction fera ressortir le pire d'un vin de qualité inférieure.

Le vin a trois utilisations principales dans la cuisine - comme ingrédient de marinade, comme liquide de cuisson et comme arôme dans un plat fini.

La fonction du vin en cuisine est d'intensifier, d'améliorer et d'accentuer la saveur et l'arôme des aliments - non pas pour masquer la saveur de ce que vous cuisinez, mais plutôt pour la fortifier.

Pour de meilleurs résultats, le vin ne doit pas être ajouté à un plat juste avant de le servir. Le vin doit mijoter avec les aliments ou la sauce pour rehausser la saveur. Il doit mijoter avec les aliments ou dans la sauce pendant la cuisson ; au fur et à mesure que le vin cuit, il se réduit et devient un extrait qui aromatise.

N'oubliez pas que le vin n'appartient pas à tous les plats. Plus d'une sauce à base de vin dans un même repas peut être monotone. N'utilisez le vin dans la cuisine que lorsqu'il a quelque chose à apporter au plat fini.

VINS INFUSES

1. Vin infusé à la sangria blanche

Ingrédient

- 1/2 citron vert
- 1/2 citron
- 1 pêche
- 1/2 pomme verte
- 1,5 tasse de vin

les directions:

a) Assurez-vous que le vin est au moins à température ambiante ou légèrement plus chaud.

b) Frottez légèrement l'extérieur du citron vert et du citron puis retirez le zeste avec un éplucheur de légumes ou un zesteur. Assurez-vous également que peu ou pas de moelle se soit détachée, en utilisant un couteau à éplucher pour en retirer. Frottez légèrement l'extérieur de la pomme puis épépinez-la et coupez-la en gros dés. Frottez légèrement l'extérieur de la pêche puis retirez le noyau et coupez grossièrement la chair.

c) Placer tous les ingrédients dans le siphon à fouetter avec le vin. Fermez le siphon à fouetter, chargez-le et agitez pendant 20 à 30 secondes. Laissez le siphon reposer pendant une minute et demie de plus. Placez une serviette sur le dessus du siphon et ventilez-le. Ouvrez le siphon et attendez que le bouillonnement s'arrête.

d) Filtrer le vin si désiré et laisser reposer au moins 5 minutes avant de l'utiliser.

2. Oranges et figues au vin rouge épicé

Ingrédient

- 2 tasses de vin rouge

- 1 tasse de sucre

- 1 morceau de bâton de cannelle

- 4 anis étoilé; lié avec

- 4 gousses de cardamome ; lié avec

- 2 clous de girofle entiers

- 6 grosses oranges Navel; pelé

- 12 figues séchées ; réduit de moitié

- ⅓ tasse Noix ou pistaches; haché

les directions

a) Mélanger le vin, le sucre et le bouquet garni dans une casserole assez grande pour contenir les oranges et les figues en une seule couche. Porter à ébullition, couvert, à feu modéré.

b) Ajouter les figues et laisser mijoter 5 minutes. Ajouter les oranges et les retourner pendant 3 à 4 minutes en les retournant pour qu'elles cuisent uniformément.

c) Éteignez le feu et laissez refroidir les oranges et les figues dans le sirop. Retirer les fruits dans un bol de service. Réduire le sirop de moitié et laisser refroidir. Jetez la garniture de bouquet et versez le sirop sur les figues et les oranges.

3. Vin infusé au café d'anis étoilé

Ingrédient

Pour le vin rouge infusé au café

- 5 cuillères à soupe de grains de café torréfiés
- 1 bouteille de 750 ml de vin rouge italien sec
- 1 tasse d'eau
- 1 tasse de sucre turbiné
- 12 étoiles d'anis

Pour le cocktail

- 3 onces de vin rouge infusé au café
- 1 once Cocchi Vermouth di Torino, réfrigéré
- 2 cuillères à café de sirop d'anis étoilé
- 2 traits de bitter aztèque Fee Brothers
- Glace (facultatif)
- Garniture : bâton de cannelle ou rondelle de citron

les directions

a) Pour le vin rouge infusé au café : Ajouter les grains de café à la bouteille de vin, fermer avec un bouchon et laisser infuser à température ambiante pendant 24 heures. Filtrer avant utilisation.

b) Pour le sirop d'anis étoilé : Porter à ébullition l'eau, le sucre et l'anis étoilé en remuant jusqu'à dissolution du sucre. Retirer du feu et laisser infuser 30 minutes. Filtrer et mettre en bouteille, conserver au frais.

c) Pour chaque boisson : dans un verre à vin, mélanger le vin infusé au café, le vermouth Cocchi, le sirop d'anis étoilé et l'amer au chocolat. Ajouter de la glace si désiré et garnir.

4. Vin de rose, de fraise et de raisin

Ingrédient

- 100 g de fraises, équeutées et tranchées
- 1 pamplemousse rouge moyen, coupé en rondelles
- 1 brin d'églantier, facultatif (si en saison)
- 1 cuillère à café d'eau de rose
- 700 ml de vin rosé blush

les directions:

a) Mettre les fraises, les tranches de pamplemousse et l'eau de rose dans un bocal ou une bouteille en verre stérilisé d'un litre et verser sur le rosé. Fermez hermétiquement le bocal et conservez-le au réfrigérateur pendant la nuit, en secouant doucement le bocal de temps en temps pour aider à infuser les saveurs.

b) Lorsque vous êtes prêt à servir, filtrez le rosé à travers un tamis à mailles fines doublé de mousseline ou d'un chiffon en J propre dans un grand pichet et jetez les fruits.

c) Pour servir, ajoutez de l'eau pétillante à une quantité de vin de rose, de fraise et de pamplemousse rouge et décorez de pétales de rose. Pour un spritz Aperol à la rose, mélangez 200 ml de rosé infusé avec 25 ml d'Aperol et décorez d'une tranche de pamplemousse.

5. Pêches au vin de glace

Ingrédient

- 6 pêches fraîches, pelées, dénoyautées et coupées en deux
- ½ tasse de sucre (125 ml)
- 1 tasse de vin de glace (250 ml)
- 1 tasse d'eau (250 ml)

les directions

a) Dans une casserole, mélanger 1 tasse d'eau, le sucre et le vin de glace et laisser mijoter à feu doux et jusqu'à ce que le sucre soit dissous. Cuire le sirop pendant 3 minutes supplémentaires, retirer du feu et réserver jusqu'à ce que vous en ayez besoin.

b) Dans un bol en verre, placer les moitiés de pêches et verser le sirop de vin de glace dessus et réfrigérer pour permettre aux saveurs de se mélanger.

c) Servir frais dans un petit bol et décorer d'un filet de sucre glace.

6. Vin au citron et au romarin

Ingrédient

- 1 bouteille de vin blanc J'utiliserais du Sauvignon Blanc, du Pinot Gris, du Pinot Grigio ou du Riesling
- 4 brins de romarin frais
- 3-4 longs morceaux de zeste de citron en essayant de ne pas mettre la peau blanche dessus

les directions:

a) Ouvrez votre bouteille de vin ou utilisez celle qui est dans votre réfrigérateur depuis quelques jours.

b) Nettoyez et séchez vos herbes (dans ce cas le romarin).

c) À l'aide d'un épluche-légumes, prélevez 4 à 5 longs morceaux de zeste de citron en prenant soin de ne pas trop mettre de poix blanche.

d) Ajouter le romarin et le zeste de citron
    à la bouteille de vin.

e) Ajoutez un bouchon de liège et mettez-
    le au réfrigérateur pendant une nuit à
    plusieurs jours.

f) Jeter le zeste de citron et les herbes.

g) Buvez le vin.

7. Vin de kiwi fait maison

Ingrédient

- 75 Kiwi mûr

- 2 livres de raisins rouges, congelés

- 12 onces 100% concentré de raisin

- 10 livres de sucre

- 2 paquets de levure

les directions

a) Pelez le kiwi, écrasez-le avec les raisins décongelés, mettez le sucre dans la tourie, dissolvez-le complètement, ajoutez la purée de fruits, le concentré de raisin, l'eau et la levure.

b) Fermentation comme d'habitude. ce n'est que le premier goût de soutirage

8. Mangues au vin

Ingrédient

- 12 mangues mûres

- ⅔litre de vin rouge

- 130 grammes Sucre semoule

- 2 gousses de vanille fraîche

les directions

a) Retirez la peau des mangues et coupez-les en deux en enlevant les pépins.

b) Disposer avec le côté creux vers le haut dans un grand bol et couvrir de vin.

c) Ajouter le sucre et les gousses de vanille. Cuire au four pendant 45 minutes, laisser refroidir puis bien refroidir avant de servir.

9. Vin de pissenlit

Ingrédient

- 4 pintes de fleurs de pissenlit

- 4 litres d'eau bouillante

- 6 oranges

- 4 citrons

- 2 gâteaux de levure

- 4 livres de sucre

les directions

a) Échaudez les fleurs dans l'eau bouillante et laissez reposer toute la nuit. Le lendemain matin, filtrez, ajoutez la pulpe et le jus de 6 oranges, le jus de 4 citrons, la levure et le sucre.

b) Laisser fermenter pendant 4 jours, puis filtrer et mettre en bouteille. Servir dans de petits verres à température ambiante.

10. Vin de pomme chaud

Ingrédient

- ½ tasse de raisins secs

- 1 tasse de rhum léger

- 6 tasses de vin de pomme ou de cidre dur

- 2 tasses de jus d'orange

- ⅓ tasse de cassonade

- 6 clous de girofle entiers

- 2 bâtons de cannelle

- 1 orange, tranche

les directions

a) Dans un petit bol, faire tremper les raisins secs dans le rhum pendant plusieurs heures ou toute la nuit.

b) Dans une grande casserole, combiner tous les ingrédients et chauffer, en remuant souvent, jusqu'à ce que le sucre se dissolve. Laisser mijoter doucement jusqu'à ce qu'il soit chaud. Ne pas faire bouillir. Servir dans des tasses à punch ou des tasses résistantes à la chaleur.

Donne 9 tasses

11. Coupe de vin chaud aux canneberges au coin du feu

Ingrédient

- 4 tasses de jus de canneberge

- 2 tasses d'eau

- 1 tasse de sucre

- 4 pouces de bâton de cannelle

- 12 clous de girofle entiers

- 1 Zeste de 1/2 citron, coupé en

- 1 bandes

- 2 Cinquième de vin sec

- $\frac{1}{4}$ tasse de jus de citron

les directions

a) Mélanger le jus de canneberge, l'eau, le sucre, la cannelle, les clous de girofle et le zeste de citron dans une casserole. Porter à ébullition en remuant jusqu'à ce que le sucre soit dissous.

b) Mijoter, à découvert, 15 minutes, filtrer. Ajouter le vin et le jus de citron, bien chauffer, mais NE PAS FAIRE

BOUILLIR. Saupoudrer de muscade sur chaque portion, si désiré.

12. Vin au poivre

Ingrédient

- 6 Poivre, rouge, piquant; Frais

- 1 pinte de rhum léger

les directions

a) Mettez les poivrons entiers dans un bocal en verre et versez le rhum (ou le xérès sec). Couvrir hermétiquement avec le couvercle et laisser reposer 10 jours avant utilisation.

b) Utilisez quelques gouttes dans les soupes ou les sauces. Le vinaigre de poivre est fabriqué de la même manière.

c) Si les piments frais ne sont pas disponibles, des piments séchés entiers peuvent être utilisés.

13. Ananas au porto

Ingrédient

- 1 ananas moyen, nettoyé (environ 2-1/2 lb)

- Le zeste finement épluché d'1 orange

- Le zeste finement épluché de 1/2 pamplemousse

- 4 cuillères à soupe de cassonade légère, ou au goût

- $\frac{3}{4}$ tasse de jus d'ananas

- $\frac{1}{2}$ tasse de porto

les directions

a) C'est un traitement particulièrement bon pour un ananas qui s'avère ne pas être aussi sucré qu'il devrait l'être. Meilleur est le porto, meilleur est le dessert. Préparez ce dessert un jour à l'avance pour la meilleure saveur.

b) Épluchez, tranchez et épépinez l'ananas et coupez-le en cubes de 1 pouce ou en fines tranches. Dans une poêle, cuire les zestes, le sucre et le jus d'ananas. Cuire jusqu'à ce que les zestes soient tendres, environ 5 minutes. Pendant que le liquide est encore chaud, ajouter les morceaux d'ananas et incorporer le porto

c) Réfrigérer pendant au moins 8 heures, ou toute la nuit. Laisser revenir à température ambiante avant de servir ou les saveurs seront perdues.

14. Vin de rhubarbe

Ingrédient

- 3 livres de rhubarbe

- 3 livres de sucre blanc

- 1 cuillère à café de nutriment de levure

- 1 gallon d'eau chaude (ne doit pas nécessairement bouillir)

- 2 comprimés Campden (écrasés)

- Levure de vin

les directions

a) Hachez vos tiges de rhubarbe et congelez-les dans des sacs en plastique pendant quelques jours avant de faire le vin. Je ne comprends vraiment pas pourquoi cela devrait faire une différence, mais c'est le cas. Si vous utilisez de la rhubarbe fraîche, le vin ne sera jamais aussi bon.

b) Vous devez avoir de la patience. Le vin de rhubarbe peut être inintéressant à huit mois et très bon à dix mois. Il faut le laisser s'adoucir.

c) Utilisez de la rhubarbe coupée en morceaux surgelée. Mettez-le dans le fermenteur primaire avec le sucre. Couvrir et laisser reposer 24 heures. Ajouter l'eau chaude, mélanger le tout puis filtrer la rhubarbe.

d) Remettez le liquide dans le fermenteur primaire et lorsqu'il est tiède ajoutez le reste de l'Ingrédient.

e) Couvrir et laisser fermenter pendant trois ou quatre jours. Ensuite, siphonnez le liquide dans des cruches d'un gallon avec des verrous de fermentation.

15. Vin épicé chaud

Ingrédient

- $\frac{1}{4}$ litre de vin blanc ou rouge (1 tasse plus 1 cuillère à soupe) 6 cubes de sucre, ou au goût

- 1 clou de girofle entier

- 1 petit morceau de zeste de citron

- Un petit bâton de cannelle

les directions

a) Mélanger tous les ingrédients et chauffer, à peine jusqu'au point d'ébullition.

b) Verser dans un verre préchauffés, enveloppez le verre dans une serviette et servez immédiatement.

16. Vin infusé aux canneberges

Ingrédient

- 2 ch. vin blanc sec, comme le Sauvignon Blanc ou le Chardonnay
- 1 ch. canneberges décongelées fraîches ou surgelées

les directions

a) Ajouter le vin et les canneberges dans un récipient avec un couvercle hermétique.

b) Couvrir et agiter quelques fois. Laisser reposer à température ambiante pendant une nuit. Filtrez avant d'utiliser; jeter les canneberges.

17. Vin infusé à la framboise et à la menthe

Ingrédient

- 1 tasse de framboises fraîches
- 1 petit bouquet de menthe fraîche
- 1 bouteille de vin blanc sec ou doux, selon votre préférence

les directions:

a) Mettez les framboises et la menthe dans un bocal de la taille d'un litre. Utilisez une cuillère pour écraser légèrement les framboises.

b) Versez toute la bouteille de vin sur les framboises et la menthe, puis couvrez avec un couvercle et placez-la dans un endroit calme de votre cuisine.

c) Laissez l'infusion infuser pendant 2-3 jours, puis filtrez les framboises et la menthe avec un tamis à mailles fines et dégustez !

18. Vin infusé d'amour

Ingrédient

- 1 bocal en verre de 1 litre ou 1 pinte
- 2 cuillères à café de cannelle en poudre ou 2 bâtons de cannelle
- 3 cuillères à café de poudre de racine de gingembre ou de racine de gingembre fraîche pelée d'environ 1 pouce de long
- option 1 - 1 pouce de gousse de vanille ou 1 cuillère à café d'extrait de vanille
- ou option 2 -- 2 gousses de cardamome + 2 anis étoilé
- 3 tasses de vin rouge ou une bouteille de 750 ml

les directions:

a) Ajouter le vin rouge dans le bocal

b) Ajouter les composants à base de plantes

c) Remuer pour mélanger l'ingrédient.

d) Placez le couvercle sur le bocal. Mettre dans un placard frais et sombre pendant 3 à 5 jours.

e) Bien filtrer (ou 2x) dans un autre bocal ou une jolie carafe en verre. C'est prêt!!!

19. Pommes au vin rouge

Ingrédient

- 1 kilogramme de pommes (2 1/4 lb.)

- 5 décilitres de vin rouge (1 pinte)

- 1 Bâton de cannelle

- 250 grammes de sucre (9 onces)

les directions

a) Dix heures à l'avance, faites cuire le vin, la cannelle et le sucre à feu vif pendant 10 minutes, à l'aide d'une casserole large et peu profonde.

b) Peler les pommes et, à l'aide d'une cuillère à melon d'environ $2\frac{1}{2}$ cm (1 po) de diamètre, les couper en petites boules.

c) Jetez les boules de pomme dans le vin chaud. Ils ne doivent pas se chevaucher : c'est pourquoi vous avez besoin d'une casserole large et peu profonde. Faites-les mijoter pendant 5 à 7 minutes, recouvertes d'une feuille d'aluminium pour les maintenir immergées.

d) Lorsque les pommes sont cuites mais encore fermes, retirez la casserole du feu. Laisser macérer les boules de pomme dans le vin rouge environ 10 heures pour prendre une belle couleur rouge.

e) Servir : bien frais, avec une boule de glace à la vanille, ou dans une sélection d'entremets froids aux fruits.

20. Vin de poivre de Bajan

Ingrédient

- 18 "poivrons de vin" ou une quantité similaire de petits poivrons rouges

- Rhum blanc de la Barbade

- Sherry

les directions

a) Retirez les tiges des poivrons et mettez-les dans une bouteille, puis couvrez de rhum et laissez reposer pendant deux semaines.

b) Filtrer et diluer au "piquant" requis avec du xérès.

21. Vin de dessert orange

Ingrédient

- 5 oranges

- 2 citrons

- 5 pintes de vin blanc sec

- 2 livres de sucre

- 4 tasses de cognac

- 1 gousse de vanille

- 1 morceau (1/2) de zeste d'orange, sec

les directions

a) Râpez les peaux des oranges et des citrons et réservez. Coupez les fruits en quartiers et placez-les dans une dame-jeanne ou un autre grand récipient (pot ou verre).

b) Verser le vin, puis ajouter les peaux râpées, le sucre, l'eau-de-vie, la gousse de vanille et un morceau d'écorce d'orange séchée.

c) Fermez le pot et conservez-le dans un endroit frais et sombre pendant 40 jours. Filtrer à travers un chiffon et une bouteille. Servir frais.

22. Orange au sirop de vin rouge

Ingrédient

- 2 tasses de vin rouge corsé

- ½ tasse) de sucre

- 1 morceau de bâton de cannelle de 3"

- 2 melon miel ou cantaloup à chair orange de taille moyenne

les directions

a) Dans une casserole moyenne non réactive, combiner le vin, le sucre et la cannelle. Porter à ébullition à feu vif et cuire jusqu'à réduction de moitié, environ 12 minutes.

b) Retirer la cannelle et laisser refroidir le sirop à température ambiante

c) Couper les melons en deux sur la largeur et jeter les pépins. Coupez une fine tranche au bas de chaque moitié de melon afin qu'elle soit bien droite et placez chaque moitié sur une assiette.

d) Versez le sirop de vin rouge dans les moitiés de melon et servez avec de grandes cuillères.

23. Vin orange

Ingrédient

- 3 oranges navales ; réduit de moitié

- 1 tasse de sucre

- 1 litre de vin blanc

- 2 oranges marines moyennes

- 20 clous de girofle entiers

les directions

a) Dans une casserole, à feu moyen, presser les moitiés d'orange dans la casserole, ajouter les oranges pressées et le sucre. Porter à ébullition, réduire le feu à doux et laisser mijoter 5 minutes. Retirer du feu et laisser refroidir complètement.

b) Filtrer dans un bocal de 1 $\frac{1}{2}$ litre, en pressant les oranges avec le dos d'une cuillère pour libérer tout le jus. Incorporer le vin. Piquer les clous de girofle dans les oranges entières. Coupez les oranges en deux et ajoutez-les au pot.

c) Fermez bien le couvercle et laissez reposer pendant au moins 24 heures et jusqu'à 1 mois.

24. Vin de gingembre

Ingrédient

- ¼ livre de gingembre
- 4 livres de sucre DC
- 1 gallon d'eau
- 2 cuillères à café de levure
- ½ livre de fruits séchés
- ½ once de masse

les directions

a) Écrasez le gingembre et mettez-le dans un bocal. Ajouter tous les autres ingrédients et laisser reposer 21 jours.

b) Filtrer et mettre en bouteille.

25. Vin chaud

Ingrédient

- 1 Bouteille de vin rouge
- 2 oranges
- 3 bâtons de cannelle
- 5 anis étoilé
- 10 clous de girofle entiers
- 3/4 tasse de cassonade

les directions:

a) Placer tous les ingrédients sauf les oranges dans une casserole de taille moyenne.

b) À l'aide d'un couteau bien aiguisé ou d'un économe, épluchez la moitié d'une orange. Évitez de peler autant de moelle (partie blanche) que possible, car elle a un goût amer.

c) Pressez les oranges et ajoutez-les à la casserole avec le zeste d'orange.

d) À feu moyen, chauffer le mélange jusqu'à ce qu'il soit juste fumant. Réduire le feu à feu doux. Faire chauffer 30 minutes pour laisser infuser les épices.

e) Filtrer le vin et servir dans des tasses résistantes à la chaleur.

26. Refroidisseur de vin

Ingrédient

- 1 portion
- $\frac{3}{4}$ tasse de limonade
- $\frac{1}{4}$ tasse de vin rouge sec
- Branche de menthe
- Cerise au marasquin

les directions

a) Cela donne une boisson colorée et rafraîchissante si les liquides ne sont pas mélangés. Versez la limonade sur de la glace pilée, puis ajoutez le vin rouge.

b) Garnir d'un brin de menthe et d'une cerise. Bon pour les journées chaudes.

27. Lait de poule au vin

Rendement : 20 portions

Ingrédient

- 4 blancs d'œufs

- 1 cinquième vin blanc sec

- $\frac{1}{2}$ tasse de jus de citron frais

- 1 cuillère à soupe de zeste de citron ;
  râpé

- 1 tasse de miel

- 6 tasses de lait

- 1 litre moitié-moitié

- 1 noix de muscade ; fraîchement râpé

les directions

a) Battre les blancs d'œufs en neige ferme
   et réserver. Mélanger le vin, le jus de
   citron, le zeste et le miel dans une
   grande casserole. Chauffer, en remuant,
   jusqu'à ce qu'il soit chaud, puis ajouter
   lentement le lait et la crème.

b) Continuer à chauffer et remuer jusqu'à ce que le mélange soit mousseux; retirer du feu. Incorporer les blancs d'œufs et servir dans des tasses avec une pincée de noix de muscade sur le dessus.

28. Refroidisseur de vin de pêche

Ingrédient

- 16 onces de pêches non sucrées ; décongelé

- 1 litre de jus de pêche

- 750 millilitres Vin blanc sec; = 1 bouteille

- 12 onces de nectar d'abricot

- 1 tasse de sucre

les directions

a) Dans un mélangeur ou un robot culinaire, réduire en purée les pêches. Dans un récipient, combiner les pêches et le reste des ingrédients.

b) Couvrir et réfrigérer 8 heures ou toute la nuit pour permettre aux saveurs de se mélanger. Conserver au réfrigérateur. Servir frais.

29. Vin infusé au thé vert

Ingrédient:

- 8 cuillères à café bombées de thé vert en vrac
- 1 Bouteille (750 ml) de Sauvignon Blanc
- Sirop Simple - Facultatif
- Eau gazeuse ou limonade - Facultatif

les directions:

a) Faites infuser les feuilles de thé directement dans la bouteille de vin, le plus simple est d'utiliser un petit entonnoir pour que les feuilles n'aillent pas partout.

b) Remettez le bouchon en liège ou utilisez un bouchon de bouteille, puis placez-le au réfrigérateur pendant la nuit ou pendant au moins 8 heures.

c) Lorsque vous êtes prêt à boire le vin, filtrez les feuilles à l'aide d'une passoire et remettez en bouteille.

d) Ajouter du sirop simple et du soda ou de la limonade au goût - facultatif.

30. Daiquiri au vin rafraîchissant

Ingrédient

- 1 boîte (6 oz) de limonade congelée

- 1 paquet (10 oz) de fraises surgelées; légèrement décongelé

- 12 onces de vin blanc

- Glaçons

les directions

a) Placer la limonade, les fraises et le vin dans le mélangeur.

b) Mélangez légèrement. Ajouter des glaçons et continuer à mélanger jusqu'à la consistance désirée.

31.Cocktail melon et fraise

Ingrédient

- 1 melon Charentals Orégon

- 250 grammes de fraises ; lavé

- 2 cuillères à café de sucre semoule

- 425 millilitres Vin blanc sec ou mousseux

- 2 brins de menthe

- 1 cuillère à café de poivre noir ; écrasé

- du jus d'orange

les directions

a) Couper le melon en morceaux et retirer les pépins. Coupez les fraises en deux et placez-les dans un bol.

b) Retirer les boules de melon à l'aide d'un emporte-pièce et les placer dans le bol. saupoudrer de sucre semoule, de menthe ciselée et de poivre noir.

c) Verser dessus le jus d'orange et le vin. Mélanger délicatement et réfrigérer de 30 minutes à 1 heure.

d) Pour la présentation, placez le cocktail dans les coques de melon ou dans un verre de présentation.

32. Vin scintillant de bijoux

Ingrédient

- 1 grosse gelée de citron

- 1 tasse d'eau bouillante

- 1 tasse d'eau, froide

- 2 tasses de vin rosé

- $\frac{1}{2}$ tasse de raisins verts sans pépins

- $\frac{1}{2}$ tasse de bleuets frais

- 11 onces de quartiers de mandarine, égouttés

- Feuilles de laitue

les directions

a) Dans un grand bol, dissoudre la gelée dans l'eau bouillante; incorporer l'eau froide et le vin. Réfrigérer jusqu'à épaississement mais pas pris, environ 1 heure et demie. Incorporer les raisins, les bleuets et les segments de mandarine.

b) Verser dans des moules individuels ou un moule 6 tasses huilé. Réfrigérer environ 4 heures ou jusqu'à consistance ferme.

Pour servir, démouler sur des assiettes de service tapissées de laitue.

33. Vin au romarin et thé noir

Ingrédient

- 1 Bordeaux bouteille; OU... autre vin rouge corsé

- 1 litre de thé noir préf. Assam ou Darjeeling

- ¼ tasse de miel doux

- ⅓Sucrier; ou à déguster

- 2 oranges tranchées finement et épépinées

- 2 bâtons de cannelle (3 pouces)

- 6 clous de girofle entiers

- 3 brins de romarin

les directions

a) Verser le vin et le thé dans une casserole non corrosive. Ajouter le miel, le sucre, les oranges, les épices et le romarin. Chauffez à feu doux jusqu'à ce qu'il fume à peine. Remuer jusqu'à ce que le miel soit dissous.

b) Retirer la casserole du feu, couvrir et laisser reposer au moins 30 minutes. Au moment de servir, réchauffer jusqu'à ce qu'il soit juste fumant et servir chaud

34. Spritzer au thé Earl Grey

Ingrédient

- 2 sachets de thé Earl Grey vieilli
- 1 barquette de myrtilles
- Quelques brins de menthe fraîche
- $\frac{1}{2}$ tasse de sirop d'agave
- 1 bouteille de vin blanc pétillant
- 1 bac à glaçons

les directions

a) Porter deux tasses d'eau à ébullition et ajouter les sachets de thé. Laissez infuser 10 minutes en ajoutant le sirop d'agave au mélange.

b) Incorporer un bac de glaçons dans le mélange et le mettre au réfrigérateur jusqu'à ce qu'il refroidisse.

c) Une fois refroidi, ajouter la menthe et les myrtilles au goût, et le vin mousseux, puis mélanger dans un pichet.

d) Profitez!

35. Chocolat chaud infusé au vin

Ingrédient

- $\frac{1}{2}$ tasse de lait entier
- $\frac{1}{2}$ tasse moitié-moitié - remplacer par des parties égales de lait entier et de crème légère épaissie, si non disponible
- $\frac{1}{4}$ tasse/45 g de pépites de chocolat noir
- $\frac{1}{2}$ tasse de vin rouge sec – de préférence Shiraz
- Quelques gouttes d'extrait de vanille
- 1 cuillères à soupe/15 ml de sucre
- Petite pincée de sel

les directions:

a) Mélanger le lait entier, moitié-moitié, les boutons/pépites de chocolat noir, l'extrait de vanille et le sel dans une casserole à feu doux.

b) Remuez constamment pour éviter que le chocolat au fond ne brûle, jusqu'à ce qu'il soit complètement dissous. Une fois bien chaud, retirez du feu et versez le vino. Bien mélanger.

c) Goûter le chocolat chaud et ajuster le
    sucré avec du sucre. Versez dans une
    tasse de chocolat chaud et servez
    immédiatement.

36. Punch aux canneberges et au vin

Ingrédient

- 1 ½ pinte de cocktail de jus de canneberge ; glacé

- 4 tasses de Bourgogne ou autre vin rouge sec; glacé

- 2 tasses de jus d'orange non sucré; glacé

- tranches d'orange ; (optionnel)

les directions

a) Combiner les 3 premiers ingrédients dans un grand bol; bien mélanger.

b) Garnir de tranches d'orange, si désiré.

VIN-NOURRITURE INFUSÉE

37. Compote de fruits et vin

Ingrédient

- 4 petites poires

- 1 Orange

- 12 pruneaux moelleux

- A 2,5 cm; (1 po) bâton ; cannelle

- 2 graines de coriandre

- 1 clou de girofle

- $\frac{1}{4}$ feuille de laurier; (optionnel)

- $\frac{1}{3}$ Gousse de vanille

- 4 cuillères à soupe de sucre semoule

- $1\frac{1}{2}$ tasse de bon vin rouge

les directions

a) Peler les poires, laver et couper l'orange en tranches de $\frac{1}{2}$ cm ($\frac{1}{4}$ po).

b) Placer délicatement les poires, tige vers le haut, dans une casserole. Placer les pruneaux entre les poires et ajouter la cannelle, les graines de coriandre, le clou de girofle, le laurier, la vanille et le sucre en poudre.

c) Garnir de tranches d'orange et ajouter le vin. Si nécessaire, ajoutez de l'eau afin qu'il y ait juste assez de liquide pour recouvrir les fruits.

d) Porter à ébullition, baisser le feu et faire pocher les poires pendant 25 à 30 minutes jusqu'à ce qu'elles soient tendres. Laisser refroidir les fruits dans le liquide.

e) Retirez les épices et servez les fruits et le liquide dans un joli plat de service.

38. Truffes au chocolat

Ingrédient

- 1 sac de 10 oz de pépites de chocolat mi-sucré
- 1/2 tasse de crème fouettée épaisse
- 1 cuillère à soupe de beurre non salé
- 2 cuillères à soupe de vin rouge
- 1 cuillère à café d'extrait de vanille
- Garnitures : amandes fumées broyées, poudre de cacao, chocolat fondu et sel de mer

les directions:

a) Hachez le chocolat : Que vous utilisiez un bloc de chocolat ou des pépites de chocolat, vous voudrez les hacher pour les faire fondre plus facilement.

b) Placer le chocolat haché dans un grand bol en acier inoxydable ou en verre.

c) Faire chauffer la crème et le beurre : Chauffer la crème et le beurre dans une petite casserole à feu moyen, jusqu'à ce qu'ils commencent à bouillir.

d) Mélanger la crème au chocolat : Dès que le liquide commence à bouillir, versez-le immédiatement dans le bol sur le chocolat.

e) Ajouter des liquides supplémentaires : ajouter la vanille et le vin et fouetter jusqu'à consistance lisse.

f) Réfrigérer/refroidir : couvrir le bol d'une pellicule plastique et transférer au réfrigérateur pendant environ une heure (ou au congélateur pendant 30 minutes à 1 heure), jusqu'à ce que le mélange soit ferme.

g) Rouler les truffes : Une fois les truffes refroidies, prélevez-les à l'aide d'une cuillère à melon et roulez-les avec vos mains. Cela va devenir salissant !

h) Ensuite, enduisez-les de vos garnitures souhaitées. J'adore les amandes fumées broyées, la poudre de cacao et le chocolat tempéré fondu avec du sel de mer.

39. Glace aux fraises

Ingrédient

- 2 pintes de fraises

- $\frac{1}{4}$ tasse) de sucre

- $\frac{1}{3}$ tasse de vin rouge sec

- 1 bâton de cannelle entier

- $\frac{1}{8}$ cuillère à café de poivre fraîchement moulu

- 1 pinte de glace à la vanille

- 4 brins de menthe fraîche pour la garniture

les directions

a) Si les fraises sont petites, coupez-les en deux; s'il est gros, coupé en quartiers.

b) Mélanger le sucre, le vin rouge et le bâton de cannelle dans une grande poêle; cuire à feu moyen-élevé jusqu'à ce que le sucre se dissolve, environ 3 minutes. Ajouter les fraises et le poivre; cuire jusqu'à ce que les baies ramollissent légèrement, 4 à 5 minutes.

c) Retirer du feu, jeter le bâton de
cannelle et répartir les baies et la sauce
dans les plats; servir avec de la crème
glacée à la vanille et un brin de menthe,
si désiré.

40. Mousse de melon au vin muscat

Ingrédient

- 11 onces de chair de melon

- $\frac{1}{2}$ tasse de vin Muskat doux

- $\frac{1}{2}$ tasse) de sucre

- 1 tasse de crème épaisse

- $\frac{1}{2}$ tasse) de sucre

- $\frac{1}{2}$ tasse d'eau

- Fruits assortis

- $1\frac{1}{2}$ cuillère à soupe de gélatine

- 2 blancs d'œufs

- 2 tasses de vin Muskat doux

- 1 bâton de cannelle

- 1 gousse de vanille

les directions

a) Dans un mélangeur, réduire la chair de melon en une purée lisse.

b) Mettez la gélatine et $\frac{1}{2}$ tasse de vin Muskat dans une petite casserole et portez à ébullition en mélangeant bien pour vous assurer que la gélatine est complètement dissoute. Ajouter le mélange de gélatine à la purée de melon et bien mélanger. Mettre sur un bol rempli de glaçons.

c) Pendant ce temps, fouetter les blancs d'œufs en ajoutant le sucre petit à petit, jusqu'à épaississement. Transférer la mousse dans un bol.

d) Pour faire la sauce, mettre le sucre et l'eau dans une casserole moyenne, porter à ébullition et cuire à feu doux jusqu'à ce qu'elle épaississe et devienne dorée. Ajouter 2 tasses de vin Muskat, le bâton de cannelle, la gousse de vanille et une bande de zeste d'orange. Ébullition.

41.Gâteau au vin et aux noix d'Israël

Ingrédient

- 8 oeufs

- 1$\frac{1}{2}$ tasse de sucre granulé

- $\frac{1}{2}$ cuillère à café de sel

- $\frac{1}{4}$ tasse de jus d'orange

- 1 cuillère à soupe de zeste d'orange

- $\frac{1}{4}$ tasse de vin rouge

- 1$\frac{1}{4}$ tasse de farine de gâteau Matzoh

- 2 cuillères à soupe de fécule de pomme de terre

- $\frac{1}{2}$ cuillère à café de cannelle

- $\frac{1}{3}$ tasse Amandes; très finement haché

les directions

a) Battre graduellement 1$\frac{1}{4}$ tasse de sucre et de sel dans le mélange de jaunes jusqu'à ce qu'il soit très épais et de couleur claire. Ajouter le jus d'orange, le zeste et le vin; battre à haute vitesse jusqu'à consistance épaisse et légère, environ 3 minutes.

b) Tamiser ensemble la farine, la fécule de pomme de terre et la cannelle; incorporer graduellement au mélange d'oranges jusqu'à homogénéité. Battre les blancs d'œufs à vitesse maximale jusqu'à ce que les blancs se dressent en pics mais ne soient pas secs.

c) Incorporer légèrement la meringue au mélange. Incorporer délicatement les noix à la pâte.

d) Transformer dans un moule à cheminée non graissé de 10 pouces avec le fond tapissé de papier ciré.

e) Cuire au four à 325 degrés.

42. Biscuits au vin

Rendement : 12 portions

Ingrédient

- $1\frac{1}{4}$ tasse de farine

- 1 pincée de Sel

- 3 onces de shortening ; (Oléo)

- 2 onces de sucre

- 1 oeuf

- $\frac{1}{4}$ tasse de Xérès

les directions

a) Préparez comme vous le feriez pour des biscuits ordinaires, c'est-à-dire : mélangez les ingrédients secs et coupez-les dans l'oléo. Mélanger l'œuf et le xérès et mélanger pour former une pâte molle.

b) Tapoter sur une surface farinée. Couper avec un emporte-pièce, déposer sur des plaques à pâtisserie et saupoudrer d'un peu de sucre ou de farine. Cuire 350, 8 à 10 minutes.

43. Fondue au vin de groseille

Ingrédient

- 1½ livres de groseilles à maquereau; surmonté et queue

- 4 onces de sucre semoule (granulé)

- ⅔ tasse de vin blanc sec

- 2 cuillères à café de farine de maïs (maïzena)

- 2 cuillères à soupe de crème simple (légère)

- Brandy s'enclenche

les directions

a) Réservez quelques groseilles pour la décoration, puis passez le reste au tamis pour en faire une purée.

b) Dans un caquelon à fondue, mélanger la farine de maïs en douceur avec la crème. Incorporer la purée de groseilles, puis chauffer jusqu'à consistance lisse et épaisse, en remuant fréquemment.

c) Décorer avec les groseilles réservées et servir avec des coques de cognac.

44. Gâteau et pudding au vin

Ingrédient

- macarons

- 1 pinte de vin

- 3 Jaune d'oeuf

- 3 Blanc d'oeuf

- Gateau éponge

- doigts de femme

- 1 cuillère à café de fécule de maïs

- 3 cuillères à café de sucre

- $\frac{1}{2}$ tasse de noix, hachées

les directions

a) Placer des morceaux de génoise, de doigts de dame ou de gâteau similaire dans un plat en terre cuite (remplir environ à moitié). Ajouter quelques macarons. Faites chauffer le vin. Mélanger la fécule de maïs et le sucre ensemble et ajouter lentement le vin.

b) Battez les jaunes d'œufs et ajoutez-les au mélange de vin. Cuire environ 2 minutes. Verser sur le gâteau et laisser refroidir. Une fois refroidis, couvrir avec les blancs d'œufs battus en neige ferme et saupoudrer de noix hachées.

c) Cuire au four à 325-F pendant quelques minutes pour dorer. Servir froid

45. Granité au vin rouge et myrtilles

Ingrédient

- 4 tasses de bleuets frais

- 2 tasses de sirop de sucre

- 2 tasses de Bourgogne ou de vin rouge sec

- $4\frac{1}{2}$ tasse de sucre

- 4 tasses d'eau

les directions

a) Passer les bleuets dans une grande casserole avec un tamis, en jetant les solides. Ajouter le sirop et le vin, porter le mélange à ébullition, réduire le feu, puis laisser mijoter, à découvert, 3-4 minutes. verser le mélange dans un plat carré de 8 pouces, couvrir et congeler au moins 8 heures ou jusqu'à consistance ferme.

b) Retirer le mélange du congélateur et gratter tout le mélange avec les dents d'une fourchette jusqu'à consistance

mousseuse. Verser dans un récipient ;
couvrir et congeler jusqu'à un mois.

c)   Sirop de sucre de base : mélanger dans
     une casserole en remuant bien. Porter à
     ébullition, cuire jusqu'à ce que le sucre
     se dissolve.

46. Coupé melon et myrtille

Ingrédient

- 1½ tasse de vin blanc sec

- ½ tasse) de sucre

- 1 gousse de vanille; fendu dans le sens de la longueur

- 2⅓ tasse de cubes de cantaloup; (environ 1/2 melon)

- 2⅓ tasse de cubes de miellat

- 2⅓ tasse de cubes de pastèque

- 3 tasses de bleuets frais

- ½ tasse de menthe fraîche hachée

les directions

a) Mélanger ½ tasse de vin et le sucre dans une petite casserole. Grattez les graines de la gousse de vanille; ajouter le haricot. Remuer à feu doux jusqu'à ce que le sucre se dissolve et que le sirop soit chaud, environ 2 minutes. Retirer du feu et laisser infuser 30 minutes. Retirer la gousse de vanille du sirop.

b) Mélanger tous les fruits dans un grand
    bol. Ajouter la menthe et la tasse de vin
    restante au sirop de sucre. Verser sur
    les fruits. Couvrir et réfrigérer au moins
    2 heures.

c) Répartir les fruits et un peu de sirop
    dans de grands gobelets à pied.

47. Tarte au citron vert avec crème au vin

Ingrédient

- $1\frac{1}{4}$ tasse de crème fouettée froide

- 6 cuillères à soupe de sucre

- 2 cuillères à soupe de vin de dessert doux

- $1\frac{1}{2}$ cuillère à soupe de jus de citron frais

- 1 cuillère à soupe de noix hachées finement

- $\frac{1}{4}$ tasse) de sucre

- $\frac{1}{2}$ cuillère à café de sel

- $\frac{3}{4}$ tasse de beurre non salé réfrigéré

- 2 gros jaunes d'œufs et 4 gros œufs

- $\frac{1}{2}$ tasse de jus de citron vert frais et 1 cuillère à soupe de zeste de citron vert râpé

les directions

a) Mélanger la crème, le sucre, le vin et le jus de citron dans un bol à mélanger et battre jusqu'à formation de pics mous. Incorporer soigneusement les noix.

b) Mélanger la farine, le sucre et le sel au robot. Ajouter le beurre; couper en utilisant les tours marche/arrêt jusqu'à ce que le mélange ressemble à une farine grossière. Fouetter les jaunes et l'eau dans un bol. Ajouter au processeur ; mélanger en tournant marche/arrêt jusqu'à ce que des grumeaux humides se forment. Cuire 20 minutes.

c) Fouetter les œufs et le sucre dans un bol jusqu'à consistance légère et crémeuse. Tamiser la farine dans le mélange d'œufs; fouetter pour combiner. Ajouter le babeurre. Faire fondre le beurre avec le jus de lime et fouetter dans le mélange d'œufs. Verser la garniture dans la croûte.

48. Rouleaux Matzoh-vin

Ingrédient

- 8 carrés matzoh

- 1 tasse de vin rouge doux

- 8 onces de chocolat mi-sucré

- $\frac{1}{2}$ tasse de lait

- 2 cuillères à soupe de cacao

- 1 tasse de sucre

- 3 cuillères à soupe de cognac

- 1 cuillère à café de poudre de café instantané

- 2 Bâtonnets de margarine

les directions

a) Émiettez la matzoh et imbibez-la de vin. Faire fondre le chocolat avec le lait, le cacao en poudre, le sucre, le cognac et le café à feu très doux.

b) Retirer du feu et ajouter la margarine. Remuer jusqu'à ce qu'il soit fondu.

c) Ajouter la matzoh au mélange de chocolat. Diviser le mélange en deux moitiés. Façonner chaque moitié en un long rouleau et envelopper fermement dans du papier d'aluminium. Réfrigérer une nuit, retirer le papier d'aluminium et trancher.

d) Placer dans du papier quatre tasses et servir.

49. Moustokouloura

Ingrédient

- 3½ tasse de farine tout usage plus un supplément pour pétrir

- 2 cuillères à café de bicarbonate de soude

- 1 cuillère à soupe de cannelle fraîchement moulue

- 1 cuillère à soupe de clous de girofle fraîchement moulus

- ¼ tasse d'huile d'olive douce

- 2 cuillères à soupe de miel

- ½ tasse de sirop de moût de vin grec

- ½ orange

- 1 tasse de jus d'orange

les directions

a) Tamisez ensemble la farine, le bicarbonate de soude, la cannelle et les clous de girofle dans un grand bol, en faisant un puits au centre.

b) Dans un bol plus petit, battre l'huile d'olive avec le miel, le petimezi, le zeste d'orange râpé et la moitié du jus d'orange et verser dans le puits. Mélanger pour faire une pâte.

c) Retourner sur un plan de travail fariné et pétrir environ 10 minutes jusqu'à ce que la pâte soit lisse mais pas ferme.

d) Cassez des morceaux de pâte, environ 2 cuillerées à soupe chacun, et roulez-les en serpents d'environ $\frac{1}{2}$ pouce de diamètre.

e) Cuire au four préchauffé à 375 F pendant 10-15 minutes - jusqu'à ce qu'ils soient bruns et croquants, mais pas trop durs.

50. Gaufrettes au vin d'orange

Ingrédient

- 2½ cuillères à soupe de zeste d'orange

- 2 tasses de farine à pâtisserie ou tout usage

- ½ cuillère à café de sel

- 1 cuillère à café de levure chimique

- 2 cuillères à soupe (1/4 bâton) de beurre ou

- Margarine, ramollie

- ½ tasse de vin blanc

les directions

a) Préchauffer le four à 350~F.

b) Pour préparer le zeste, râpez légèrement le zeste extérieur des oranges contre la grille fine d'une râpe à fromage.

c) Dans un grand bol, mélanger la farine, le zeste d'orange, le sel et la levure chimique. Couper le beurre et ajouter lentement le vin.

d) Sur un plan de travail fariné, rabattre le tiers gauche de la pâte sur le tiers central. De même, pliez le tiers droit sur le centre.

e) Rouler la pâte un peu plus mince cette fois, environ $\frac{1}{8}$ de pouce d'épaisseur.

f) Avec un couteau bien aiguisé, couper en carrés de 2 pouces.

g) Piquer chaque cracker 2 ou 3 fois de part en part avec les dents d'une fourchette. Cuire au four de 15 à 20 minutes, jusqu'à ce qu'ils soient légèrement dorés.

51. Gâteau aux amandes à l'orange

Ingrédient

- ½ tasse de beurre non salé - (1 bâton); ramolli

- 1 tasse de sucre granulé

- 2 oeufs

- 2 cuillères à café de vanille

- ½ cuillère à café d'extrait d'amande

- ¼ tasse d'amandes moulues non blanchies

- 2 cuillères à café de zeste d'orange râpé

- 1½ tasse de farine tout usage; plus

- 2 cuillères à soupe de farine tout usage

- 2 cuillères à café de levure

- 1 cuillère à café de sel

- 1 tasse de crème sure

- 1 pinte de framboises ou de fraises

- ½ tasse de vin mousseux

les directions

a) Battre le beurre et le sucre ensemble jusqu'à consistance légère et mousseuse.

b) Ajouter les œufs, la vanille, l'extrait d'amande, les amandes et le zeste d'orange; battre à feu doux jusqu'à consistance homogène. Tamiser ensemble la farine, la poudre à pâte et le sel; ajouter alternativement au mélange de beurre avec la crème sure.

c) Verser la pâte dans le moule; tapotez légèrement pour l'égaliser. Cuire environ 20 minutes.

d) Laisser refroidir 10 minutes; retirer du moule à gâteau ou retirer les côtés du moule à charnière. Saupoudrer les baies de sucre, puis mélanger avec suffisamment de vin mousseux pour bien les humidifier.

e) Placer le gâteau sur une assiette, entourer de baies et de jus.

52. Tarte aux prunes à la crème fraîche

Ingrédient

- coquille de pâte sucrée de 10 pouces;
  jusqu'à 11

- 550 grammes de prunes ; lavé

- 2 cuillères à soupe de sucre semoule

- 125 millilitres de vin de Porto

- 1 gousse de vanille coupée au centre

- $\frac{1}{2}$ pinte de crème

- 1 once de farine

- 2 onces de sucre

- 2 jaunes d'œufs

- 2 feuilles de gélatine ; trempé

les directions

a) Retirez les noyaux des prunes et coupez-
   les en quatre. Cuire le fond de pâte
   sucrée à blanc et au frais.

b) Préparez la crème pâtissière en
   mélangeant l'œuf et le sucre dans un bol
   au-dessus de l'eau chaude. Ajouter une

cuillère à soupe de crème et ajouter progressivement la farine. Ajouter plus de crème et mettre dans une casserole propre et réchauffer.

c) Déposer une bonne couche de crème pâtissière sur le fond du fond de tarte et lisser à l'aide d'une spatule ou d'un grattoir en plastique.

d) Disposez les prunes sur la pâte et faites cuire au four pendant 30 à 40 minutes.

e) Faire mijoter le sucre dans le porto et ajouter la gousse de vanille, réduire légèrement le liquide. Ajouter la feuille de gélatine et laisser refroidir légèrement. Retirer la tarte et laisser refroidir, verser sur le glaçage au porto et laisser prendre au réfrigérateur. Trancher et servir avec de la crème fraîche.

53. Brownies au vin rouge

Ingrédient

- $\frac{3}{4}$ tasse (177 ml) de vin rouge
- $\frac{1}{2}$ tasse (60 g) de canneberges séchées
- 1 $\frac{1}{4}$ (156 g) tasses de farine tout usage
- $\frac{1}{2}$ cuillère à café de sel de mer
- $\frac{1}{2}$ tasse (115 g) de beurre salé, plus un supplément pour graisser
- 6 onces. (180 g) de chocolat noir ou mi-sucré
- 3 gros œufs
- 1 $\frac{1}{4}$ tasse (250 g) de sucre
- $\frac{1}{2}$ tasse (41 g) de cacao en poudre non sucré
- $\frac{1}{2}$ tasse (63 g) de noix hachées (facultatif)

les directions:

a) Dans un petit bol, mélanger le vin rouge et les canneberges et laisser reposer pendant 30 minutes à une heure ou jusqu'à ce que les canneberges aient l'air dodues. Vous pouvez chauffer doucement le vin et les canneberges sur la cuisinière ou au micro-ondes pour accélérer le processus.

b) Préchauffer le four à 350 degrés F. et graisser et fariner un moule de 8 par 8 pouces.

c) Mélanger la farine et le sel de mer dans un bol et réserver.

d) Dans un bol au-dessus de l'eau bouillante, chauffer le beurre et le chocolat jusqu'à ce qu'ils soient juste fondus et mélangés.

e) Retirer le bol du feu et incorporer les œufs un à un. (Si le bol semble très chaud, vous pouvez le laisser refroidir pendant environ 5 minutes avant d'ajouter les œufs).

54. Panna cotta à la vanille

Ingrédient

- Crème - 2 tasses
- Sucre, plus 3 cuillères à soupe - 1/4 tasse
- Gousses de vanille - les deux coupées en deux, les graines grattées d'une - 1
- Pâte de vanille - 1/2 cuillère à café
- Huile - 1 cuillères à soupe
- Gélatine en poudre mélangée à 90 ml d'eau froide - 2 cuillères à café
- Fraises en barquette - 125 g
- Vin rouge - 1/2 tasse

les directions:

a) Chauffez doucement la crème et 1/2 tasse de sucre dans une casserole jusqu'à ce que tout le sucre soit dissous. Retirer du feu et incorporer l'extrait de vanille et 1 gousse de vanille avec les graines grattées.

b) Saupoudrer la gélatine sur l'eau froide dans un grand bol et mélanger délicatement.

c) Verser la crème chaude sur la gélatine et bien mélanger jusqu'à ce que la gélatine soit dissoute. Filtrer le mélange à travers un tamis.

d) Répartir le mélange dans les bols graissés et réfrigérer jusqu'à ce qu'il soit pris. Cela prendra généralement jusqu'à 3 heures.

e) Dans une casserole, chauffer le vin rouge, 6 cuillères à soupe de sucre et la gousse de vanille restante jusqu'à ébullition.

f) Rincez, équeutez et tranchez les fraises et ajoutez-les au sirop, puis versez dessus la panna cotta libérée.

55. Tarte au vin

Ingrédient

- 140 grammes de farine ordinaire (5 oz.)

- 1 cuillère à café de levure chimique

- 60 grammes de beurre non salé (2 1/4 oz.)

- 1 trait de sel

- 120 grammes de sucre semoule (4 oz.)

- 1 cuillère à café de cannelle moulue

- 10 grammes de farine ordinaire (1/4 oz.)

- ½ cuillère à café de sucre

- 3 cuillères à soupe de lait

- 100 millilitres Bon vin blanc sec

- 15 grammes de beurre (env. 1/2 oz.)

les directions

a) Pâte : mettre la farine, la levure et le beurre ramolli ensemble dans un grand bol. Ajouter le sel et le sucre. Ajouter le lait.

b) Déposez la pâte dans le fond du moule.

c) Mélanger le sucre, la cannelle et la farine ensemble. Répartir ce mélange sur tout le fond de tarte. Verser le vin sur le mélange de sucre et mélanger du bout des doigts.

d) Cuire la tarte dans le bas du four préchauffé pendant 15 ... 20 minutes.

e) Laisser refroidir la tarte avant de la démouler.

56. Zabaglione

Ingrédient

- 6 jaunes d'œufs

- ½ tasse) de sucre

- ⅓ tasse de vin blanc moyen

a) Battre les jaunes d'œufs au batteur électrique dans le haut du bain-marie jusqu'à consistance mousseuse. Incorporer le sucre petit à petit. Versez juste assez d'eau chaude au fond du bain-marie pour que la partie supérieure ne touche pas l'eau.

b) Cuire les jaunes d'œufs à feu moyen; incorporer lentement le vin, en battant à grande vitesse jusqu'à ce qu'il soit lisse, pâle et suffisamment épais pour former des monticules mous.

c) Servir immédiatement dans des verres à pied peu profonds.

57. Fruits d'hiver au vin rouge

Ingrédient

- 1 citron

- 500 millilitres de vin rouge

- 450 grammes Sucre semoule

- 1 gousse de vanille ; réduit de moitié

- 3 feuilles de laurier

- 1 bâton de cannelle

- 12 grains de poivre noir

- 4 petites poires

- 12 pruneaux sans trempage

- 12 abricots sans trempage

les directions

a) Pelez une bande de zeste de citron et coupez le citron en deux. Mettez le zeste de citron, le sucre, le vin, la gousse de vanille, les feuilles de laurier et les épices dans une grande casserole non réactive et faites bouillir en remuant.

b) Peler les poires et frotter avec la face coupée du citron pour arrêter la décoloration. Portez à nouveau le sirop de vin rouge à ébullition, baissez le feu et ajoutez les poires.

c) Ajouter les pruneaux et les abricots aux poires. Remettez le couvercle et laissez refroidir complètement avant de réfrigérer toute la nuit.

58. Gâteau au thé au citron

Ingrédient

- ½ tasse de vin rouge sec

- 3 cuillères à soupe de jus de citron frais

- 1½ cuillère à soupe de fécule de maïs

- 1 tasse de bleuets frais

- Pincée de cannelle moulue et de muscade

- ½ tasse de beurre non salé; température ambiante

- 1 tasse de sucre

- 3 gros oeufs

- 2 cuillères à soupe de zeste de citron râpé

- 2 cuillères à soupe de jus de citron frais

- 1 cuillère à café d'extrait de vanille

- 1½ tasse de farine à gâteau tamisée

- ½ cuillère à café de levure chimique et ¼ de bicarbonate de soude

- ¼ cuillère à café de sel

- $\frac{1}{2}$ tasse de crème sure

les directions

a) Mélanger l'eau, le sucre, le vin rouge sec, le jus de citron frais et la fécule de maïs dans une casserole moyenne.

b) Ajouter les bleuets. Faire bouillir jusqu'à ce que la sauce épaississe suffisamment pour napper le dos de la cuillère, en remuant constamment, environ 5 minutes.

c) Battre le beurre et le sucre dans un grand bol jusqu'à consistance mousseuse. Battre les œufs, 1 à la fois. Incorporer le zeste de citron râpé, le jus de citron et l'extrait de vanille. Tamiser la farine à gâteau, la poudre à pâte, le bicarbonate de soude et le sel dans un bol moyen.

d) Verser la pâte dans le moule préparé. Cuire puis laisser refroidir le gâteau sur une grille 10 minutes.

59. Moules infusées au vin et au safran

Ingrédient

- 2 oignons, pelés et coupés en deux
- 2 piments rouges, tige retirée
- 2 cuillères à soupe d'huile d'olive
- 1/2 cuillère à café de filaments de safran trempés dans 2 cuillères à soupe d'eau chaude
- 300 ml de vin blanc sec
- 500 ml de fumet de poisson
- 2 cuillères à soupe de pâte de tomate
- Flocons de sel de mer et poivre noir fraîchement moulu
- 1 kg de moules fraîches, barbes enlevées et nettoyées
- Quelques brins de thym

les directions:

a) Ajouter les oignons et les piments au robot.

b) Placer la casserole sur feu moyen-doux, ajouter les oignons et les piments et cuire en remuant pendant 5 minutes jusqu'à ce que les oignons brillent et ramollissent

c) Ajouter le mélange de fils de safran et cuire 30 secondes. Ajouter le vin, le fumet de poisson, la pâte de tomate et bien assaisonner avec le sel et le poivre. Porter à ébullition, réduire le feu à doux et laisser mijoter 5 minutes

d) Augmentez le feu à vif, lorsque la sauce bout, ajoutez les moules et les brins de thym. Couvrir avec le couvercle et cuire 3-5 minutes, en secouant la casserole de temps en temps, jusqu'à ce que les moules s'ouvrent à la vapeur

e) Servir immédiatement avec du pain croûté

60. Pétoncles sauce au vin

Ingrédient

- 2 livres de pétoncles géants

- 2 cuillères à soupe d'huile d'olive

- $\frac{1}{4}$ cuillère à soupe de flocons de piment fort

- 2 gousses d'ail ; haché finement

- 1 cuillère à soupe de vin blanc

- 1 cuillère à soupe de curry en poudre

- 1 petite Tomate; pelé, épépiné et haché

- $\frac{1}{4}$ tasse de crème épaisse

- 2 cuillères à soupe de tabasco

- Sel et poivre au goût

- 1 cuillère à soupe de persil; haché finement

les directions

a) Versez un peu d'huile d'olive dans l'une des poêles sur le dessus de la cuisinière. Ajouter ensuite les flocons de piment rouge, l'ail et le vin blanc. Ajouter tous

les pétoncles géants dans la poêle.
Couvrir la poêle et laisser cuire les
pétoncles à feu moyen/élevé jusqu'à ce
que les pétoncles deviennent fermes et
opaques.

b) Retirer la casserole du feu et transférer
les pétoncles dans un grand bol de
service. Ajouter 1 cuillère à soupe
d'huile et la poudre de curry dans une
petite casserole et cuire pendant 1 à 2
minutes.

c) Ajouter le liquide de pétoncles réservé à
la casserole d'huile et de curry en
filtrant $\frac{3}{4}$ tasse de celui-ci à travers une
étamine ou un filtre à café. Dans la même
casserole, ajouter les morceaux de
tomates, la crème, le Tabasco, le sel, le
poivre et le persil et faire chauffer 2 à
3 minutes.

.

61. Steaks de flétan sauce au vin

Ingrédient

- 3 cuillères à soupe d'échalotes ; haché

- $1\frac{1}{2}$ livre de steaks de flétan; 1 pouce d'épaisseur, coupé en morceau de 4 pouces

- 1 verre de vin blanc sec

- 2 tomates italiennes moyennes ; haché

- $\frac{1}{2}$ cuillère à café d'estragon séché

- $\frac{1}{4}$ cuillère à café de sel

- $\frac{1}{8}$ cuillère à café de poivre

- 2 cuillères à soupe d'huile d'olive

les directions

a) Préchauffer le four à 450 degrés. Saupoudrer d'échalotes au fond d'un plat allant au four de $1\frac{1}{2}$ à 2 pintes. Placer le poisson dans un plat allant au four peu profond et verser le vin.

b) Saupoudrer la tomate hachée, l'estragon, le sel et le poivre sur le poisson. Arroser d'huile.

c) Cuire 10 à 12 minutes, jusqu'à ce que le poisson soit entièrement opaque. Déposer le poisson à l'aide d'une spatule à fentes dans un plat de service et retirer la peau.

d) Placez le plat de cuisson (s'il est en métal) sur un brûleur de cuisinière ou versez le liquide et les légumes dans une petite casserole. Faire bouillir à feu vif jusqu'à ce que la sauce réduise légèrement, 1 à 2 minutes. Verser la sauce sur le poisson et servir.

62. Rouleaux de viande grecs en sauce au vin

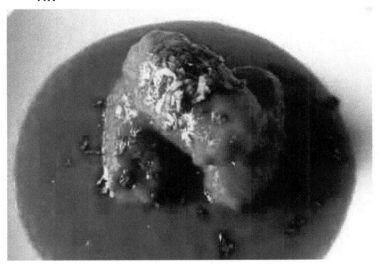

Ingrédient

- 2 livres de bœuf haché maigre ou de dinde

- 4 tranches de pain blanc sec, émietté

- Oignon et Ail

- 1 Oeuf, légèrement battu

- 1 cuillère à soupe de sucre

- Pincée Sel, Cumin, Poivre Noir

- Farine (environ 1/2 C.)

- 1 boîte (12 oz) de pâte de tomate

- 1½ tasse de vin rouge sec

- 2 cuillères à café de sel

- Riz à la vapeur

- Persil haché

les directions

a) Mélanger l'ingrédient sec jusqu'à ce qu'il soit bien mélangé et ferme.

b) Humidifier les mains dans de l'eau froide
et façonner des cuillerées à soupe du
mélange de viande en rouleaux (bûches)
d'environ 2-½" à 3" de long. Enrober
légèrement chaque rouleau de farine.

c) Dans une poêle profonde, chauffer
environ ½ po d'huile et faire dorer les
rouleaux quelques-uns à la fois, en
prenant soin de ne pas les entasser.
Retirer les rouleaux dorés sur des
essuie-tout pour les égoutter.

d) Dans un faitout, fouetter ensemble la
pâte de tomate, l'eau, le vin, le sel et le
cumin. Ajouter les rouleaux de viande à
la sauce. Couvrir et laisser mijoter
pendant 45 minutes à une heure, jusqu'à
ce que les rouleaux de viande soient bien
cuits. Goûter la sauce et ajouter du sel si
nécessaire.

63. Lentilles aux légumes glacés

Ingrédient

- 1½ tasse de lentilles vertes françaises ; trié et rincé

- 1½ cuillère à café de sel ; divisé

- 1 feuille de laurier

- 2 cuillères à café d'huile d'olive

- Oignon, céleri, ail

- 1 cuillère à soupe de pâte de tomate

- ⅔ tasse de vin rouge sec

- 2 cuillères à café de moutarde de Dijon

- 2 cuillères à soupe de beurre ou d'huile d'olive extra vierge

- Poivre fraîchement moulu au goût

- 2 cuillères à café de persil frais

les directions

a) Mettez les lentilles dans une casserole avec 3 tasses d'eau, 1 c. le sel et la feuille de laurier. Porter à ébullition.

b) Pendant ce temps, chauffer l'huile dans une poêle moyenne. Ajouter l'oignon, la carotte et le céleri, assaisonner avec $\frac{1}{2}$ c. saler et cuire à feu moyen-élevé, en remuant fréquemment, jusqu'à ce que les légumes soient dorés, environ 10 minutes. Ajouter l'ail et la pâte de tomate, cuire 1 minute de plus, puis ajouter le vin.

c) Porter à ébullition, puis baisser le feu et laisser mijoter, couvert, jusqu'à ce que le liquide soit sirupeux.

d) Incorporer la moutarde et ajouter les lentilles cuites avec leur bouillon.

e) Laisser mijoter jusqu'à ce que la sauce soit presque réduite, puis incorporer le beurre et assaisonner de poivre.

64. Flétan sauce aux légumes

Ingrédient

- 2 livres de flétan

- ¼ tasse de farine

- ½ cuillère à café de sel

- poivre blanc

- 1 cuillère à soupe de persil haché

- ¼ tasse d'huile d'olive

- 1 gousse d'ail écrasée

- 1 gros oignon haché

- 1 carotte râpée

- 2 branches de céleri hachées

- 1 grosse tomate hachée

- ¼ tasse d'eau

- ¾ tasse de vin blanc sec

les directions

a) Mélanger la farine, le sel, le poivre et le persil : draguer le poisson avec le mélange de farine. Chauffer l'huile d'olive dans une poêle; ajouter le flétan et le faire frire jusqu'à ce qu'il soit doré des deux côtés.

b) Retirer de la poêle et réserver. Ajouter l'ail, l'oignon, la carotte et le céleri dans la poêle : faire revenir 10-15 minutes, jusqu'à ce qu'ils soient tendres. Ajouter la tomate et l'eau, laisser mijoter 10 minutes.

c) Retirer la sauce du feu et verser dans le mélangeur; purée. Incorporer le vin. Remettre dans la poêle : placer le poisson dans la sauce. Couvrir et laisser mijoter 5 minutes.

65. Saucisses aux fines herbes au vin

Ingrédient

- $\frac{1}{2}$ livre de saucisses italiennes douces

- $\frac{1}{2}$ livre de saucisse piquante italienne

- $\frac{1}{2}$ livre de Kielbasa

- $\frac{1}{2}$ livre de Buckhurst (saucisse de veau)

- 5 oignons verts, émincés

- 2 tasses de vin blanc sec

- 1 cuillère à soupe de feuilles de thym frais hachées

- 1 cuillère à soupe de persil frais finement haché

- $\frac{1}{2}$ cuillère à café de sauce au poivre Tabasco

les directions

a) Couper les saucisses en morceaux de $\frac{1}{2}$ pouce. Dans une poêle profonde à feu moyen, cuire la saucisse italienne de 3 à 5 minutes ou jusqu'à ce qu'elle soit légèrement dorée. Égoutter le gras.

Ajouter la saucisse restante et les oignons verts, et cuire 5 minutes de plus.

b) Réduire le feu à doux, ajouter le reste des ingrédients et laisser mijoter pendant 20 minutes, en remuant de temps en temps. Servir immédiatement ou réserver au chaud dans un plat-réchaud. Servir avec des cure-dents.

66. Roulés de poisson au vin blanc

Ingrédient

- ⅔ tasse de raisins verts sans pépins, coupés en deux

- ¾ tasse de vin blanc sec

- Quatre ; (6 à 8 onces)

- plie sans peau

- ⅓ tasse de feuilles de persil frais hachées

- 1 cuillère à soupe de thym frais haché

- ¼ tasse d'oignon haché

- 2 cuillères à soupe de beurre non salé

- 1 cuillère à soupe de farine tout usage

- ¼ tasse de crème épaisse

- 1 cuillère à café de jus de citron frais

les directions

a) Dans une petite casserole, laisser macérer les demi-raisins dans le vin pendant 1 heure.

b) Coupez les filets en deux dans le sens de la longueur, assaisonnez-les de sel et de poivre, et saupoudrez les côtés écorchés de persil et de thym. Enroulez chaque demi-filet avec 1 des raisins réservés au milieu et fixez-le avec un pic en bois.

c) Dans une petite casserole faire revenir l'oignon dans le beurre, incorporer la farine et cuire le roux.

d) Ajouter la crème, les raisins macérés, le jus de citron, saler et poivrer au goût et faire bouillir la sauce en remuant pendant 3 minutes.

e) Versez le liquide qui s'est accumulé sur l'assiette, répartissez les rouleaux de poisson dans 4 assiettes chauffées et nappez-les de sauce.

67. Tofu aux fines herbes sauce au vin blanc

Ingrédient

- 2 cuillères à soupe (de soja) de margarine

- $1\frac{1}{2}$ cuillère à soupe Farine

- $\frac{1}{2}$ tasse de lait (de soja)

- $\frac{1}{2}$ tasse de vin blanc

- 1 quartier d'oignon

- 1 trait de clous de girofle moulus

- 1 trait de sel

- $\frac{1}{2}$ livre ou plus de tofu aux fines herbes, coupé en cubes

- Vos pâtes préférées, assez

les directions

a) Faire fondre la margarine dans une poêle et y incorporer la farine. Laisser refroidir un peu, puis incorporer le vin et le lait (de soja) en fouettant.

b) Ajouter l'oignon, les clous de girofle et le sel à la sauce et remuer à feu doux jusqu'à ce que la sauce épaississe légèrement. S'il devient trop épais, ajouter un peu d'eau. Ajouter le tofu et laisser mijoter pendant la cuisson des pâtes.

c) Servir le tofu et la sauce sur les pâtes, en donnant l'oignon à la personne qui les aime le plus.

68. Poulpe grillé mariné au vin rouge

Ingrédient

- 2 pieuvres nettoyées de 1 1/2 livre

- Carottes, Céleri et Oignon

- 2 feuilles de laurier

- 2 cuillères à café de sel

- Poivre noir entier et thym séché

- 2 tasses de vin rouge

- 3 cuillères à soupe d'huile d'olive extra vierge

- 3 cuillères à soupe de vinaigre de vin rouge

- 3 cuillères à soupe de vin rouge sec

- Sel, Poivre noir fraîchement moulu

- 1⅓tasse de bouillon de cuisson de poulpe égoutté

- ¼ tasse d'huile d'olive extra vierge

- 1 cuillère à soupe de jus de citron

- 2 cuillères à soupe de beurre

les directions

a) Dans une grande casserole, mélanger le poulpe, les carottes, le céleri, l'oignon, les feuilles de laurier, le sel, le poivre, le thym, le vin rouge et l'eau. Porter à ébullition lente.

b) Préparez la marinade : dans un petit bol, mélangez l'ingrédient de la marinade. Verser sur le poulpe et mélanger pour enrober.

c) Préparez la sauce : dans une petite casserole, mélangez le bouillon réservé filtré, l'huile d'olive, le jus de citron et le vinaigre. Incorporer le persil.

d) Griller 4 minutes, en tournant fréquemment, jusqu'à ce qu'ils soient légèrement carbonisés et bien chauds.

69. Plantains sucrés cuits au four dans du vin

Ingrédient

- 4 plantains très mûrs chacun

- 1 tasse d'huile d'olive

- $\frac{1}{2}$ tasse de cassonade

- $\frac{1}{2}$ cuillère à café de cannelle moulue

- 1 tasse de vin de Xérès

les directions

a) Préchauffer le four à 350F. Retirez la peau des plantains et coupez-les en deux dans le sens de la longueur. Dans une grande sauteuse, chauffer l'huile à feu moyen et ajouter les bananes plantains.

b) Faites-les cuire jusqu'à ce qu'ils soient légèrement dorés de chaque côté. Disposez-les dans un grand plat allant au four et saupoudrez le tout de sucre. Ajouter la cannelle et couvrir de vin. Cuire au four pendant 30 minutes, ou jusqu'à ce qu'ils prennent une teinte rougeâtre.

70. Pâtes sauce citron et vin blanc

Ingrédient

- 1½ livre de pâtes ; votre choix

- 1 Poitrine de poulet complète; cuit, julienne

- 10 onces d'asperges ; blanchi

- ¼ tasse de beurre

- ½ petit oignon

- 4 cuillères à soupe de farine tout usage

- 2 tasses de vin blanc sec

- 2 tasses de bouillon de poulet

- 12 cuillères à café de zeste de citron

- 1 cuillère à soupe de thym frais; haché

- 1 cuillère à soupe d'aneth frais; haché

- 3 cuillères à soupe de moutarde de Dijon

- Sel et poivre; goûter

- Parmesan; râpé

les directions

a) Cuire les pâtes et maintenir Cuire la poitrine de poulet et blanchir les asperges; tenir. Faire chauffer le beurre dans une grande casserole à feu moyen-doux. Ajouter l'oignon et faire revenir ,jusqu'à ce qu'il soit légèrement brun et très doux.

b) Ajouter la farine et réduire le feu à doux. Remuer jusqu'à ce qu'il soit complètement mélangé. Incorporer très progressivement le vin blanc et le bouillon.

c) Porter la sauce à ébullition puis laisser mijoter 10 minutes. Incorporer le zeste de citron, le thym, l'aneth, la moutarde et assaisonner au goût avec du sel et du poivre blanc. Ajouter le poulet cuit et en julienne et les asperges.

71. Pâtes aux moules au vin

Ingrédient

- 1 livre de moules (dans leurs coquilles)

- Vin blanc (assez pour remplir une grande casserole peu profonde d'environ 1/2 pouce)

- 2 grosses gousses d'ail, finement hachées

- 2 cuillères à soupe d'huile d'olive

- 1 cuillère à café de poivre fraîchement moulu

- 3 cuillères à soupe de basilic frais haché

- 1 grosse tomate, hachée grossièrement

- 2 livres de pâtes

les directions

a) Lavez soigneusement les moules, en arrachant toutes les barbes et en grattant les coquilles si nécessaire. Mettre dans une casserole avec le vin.

b) Couvrir hermétiquement et cuire à la vapeur jusqu'à ce que les coquilles s'ouvrent Pendant que les moules refroidissent un peu, mettre le bouillon de vin à feu moyen et ajouter l'ail, l'huile d'olive, le poivre, la tomate et le basilic.

c) Verser la sauce sur les linguini ou les fettucini chauds et servir !

72. Fettucine au vin rouge et olives

Ingrédient

- $2\frac{1}{2}$ tasse de farine

- 1 tasse de farine de semoule

- 2 oeufs

- 1 verre de vin rouge sec

- 1 portion de lumache alla marchigiana

les directions

a) Pour préparer les pâtes : faites un puits avec la farine et placez les œufs et le vin au centre.

b) À l'aide d'une fourchette, battre ensemble les œufs et le vin et commencer à incorporer la farine en commençant par le bord intérieur du puits.

c) Commencez à pétrir la pâte à deux mains, en utilisant les paumes de vos mains.

d) Étaler les pâtes au réglage le plus mince sur la machine à pâtes. Couper les pâtes en nouilles de ¼ de pouce d'épaisseur à la main ou à la machine et réserver sous une serviette humide.

e) Porter 6 litres d'eau à ébullition et ajouter 2 cuillères à soupe de sel. Chauffer l'escargot à ébullition et réserver.

f) Plonger les pâtes dans l'eau et cuire jusqu'à ce qu'elles soient juste tendres. Égouttez les pâtes et mettez-les dans la poêle avec les escargots, en remuant bien pour les enrober. Servir immédiatement dans un plat de service chaud.

73. Pâtes orecchiette et poulet

Ingrédient

- 6 grosses cuisses de poulet, désossées et sans peau

- Sel et poivre noir fraîchement moulu, au goût

- 2 cuillères à soupe d'huile d'olive ou de canola

- ½ livre de champignons shiitake frais

- Oignon, ail, carottes et céleri

- 2 tasses de vin rouge copieux

- 2 tasses de tomates mûres, coupées en dés, épépinées

- 1 cuillère à café de thym frais/sauge fraîche

- 4 tasses de bouillon de poulet

- ⅓ tasse de persil finement haché

- ½ livre de pâtes Orecchiette, non cuites

- ¼ tasse de basilic frais haché

- ¼ tasse de tomates séchées égouttées

- Brins de basilic frais

- Fromage asiago ou parmesan fraîchement râpé

les directions

a) Assaisonner le poulet et faire dorer rapidement le poulet à feu vif.

b) Ajouter les champignons, l'oignon, l'ail, les carottes et le céleri et faire sauter jusqu'à ce qu'ils soient très légèrement dorés. Remettre le poulet dans la poêle et ajouter le vin, les tomates, le thym, la sauge et le bouillon et porter à ébullition. Incorporer le persil et réserver au chaud.

c) Préparez les pâtes et servez. Garnir de basilic et de copeaux de fromage.

74. Bœuf à la sauce portobello

Ingrédient

- 500 grammes de bœuf haché maigre

- $\frac{1}{2}$ Vin rouge sec

- $\frac{1}{2}$ cuillère à café de poivre ; sol grossier

- 4 cuillères à soupe de Roquefort ou stilton

- $\frac{3}{4}$ livre de portobellos ; (375g ou 4 med)

les directions

a) Faire dorer la viande de 2 à 4 minutes de chaque côté

b) Verser $\frac{1}{2}$ tasse de vin et moudre généreusement le poivre sur les galettes.

c) Réduire le feu à moyen et laisser mijoter, à découvert, pendant 3 minutes. Tourner les galettes, émietter le fromage sur le dessus et continuer à mijoter à découvert jusqu'à ce que le fromage commence à fondre, environ 3 minutes.

d) Pendant ce temps, séparez les tiges des têtes de champignons. Couper les tiges et les chapeaux en tranches épaisses.

e) Ajouter les champignons au vin dans la poêle et remuer constamment jusqu'à ce qu'ils soient chauds.

f) Déposer les champignons autour des galettes, puis verser la sauce par-dessus.

75. Fromage italien et saucisse au vin rouge

Ingrédient

- 4 livres de porc, désossé, épaule ou soc

- 1 cuillère à soupe de graines de fenouil moulues au mortier

- 2 feuilles de laurier écrasées

- $\frac{1}{4}$ tasse de persil, haché

- 5 Ail, pressé

- $\frac{1}{2}$ cuillère à café de poivre, rouge, en flocons

- 3 cuillères à café de sel, casher

- 1 cuillère à café de poivre, noir, fraîchement moulu

- 1 tasse Fromage, parmesan ou romano, râpé

- $\frac{3}{4}$ tasse de vin rouge

- 4 boyaux à saucisses (environ

les directions

a) Broyer la viande dans un robot culinaire ou un hachoir à viande Kitchen Aid pour mélangeur.

b) Mélanger tous les ingrédients et laisser reposer pendant 1 heure pour que les saveurs puissent se fondre.

c) Farcir les saucisses dans les boyaux avec l'accessoire de farce à saucisses Kitchen Aid ou acheter à la main avec un entonnoir à saucisses.

76. Champignons et tofu au vin

Ingrédient

- 1 cuillère à soupe d'huile de carthame

- 2 gousses d'ail hachées

- 1 gros oignon, haché

- $1\frac{1}{2}$ livre de champignons, tranchés

- $\frac{1}{2}$ poivron vert moyen, coupé en dés

- $\frac{1}{2}$ tasse de vin blanc sec

- $\frac{1}{4}$ tasse de Tamari

- $\frac{1}{2}$ cuillère à café de gingembre râpé

- 2 cuillères à café d'huile de sésame

- $1\frac{1}{2}$ cuillère à soupe de fécule de maïs

- 2 chacun Gâteaux de tofu, râpé

- Amandes concassées

les directions

a) Faire chauffer le carthame dans un wok.
   Lorsqu'il est chaud, ajouter l'ail et
   l'oignon et faire revenir à feu doux

jusqu'à ce que l'oignon soit translucide. Ajouter les champignons, le poivron, le vin, le tamari, le gingembre et l'huile de sésame. Mélanger.

b) Dissoudre la fécule de maïs dans une petite quantité d'eau et remuer dans la poêle.

c) Incorporer le tofu, couvrir et laisser mijoter encore 2 minutes.

77. Soupe abricot-vin

Ingrédient

- 32 onces d'abricots en conserve ; non drainé

- 8 onces de crème sure

- 1 tasse de Chablis ou de vin blanc sec

- $\frac{1}{4}$ tasse de liqueur d'abricot

- 2 cuillères à soupe de jus de citron

- 2 cuillères à café d'extrait de vanille

- $\frac{1}{4}$ cuillère à café de cannelle moulue

les directions

a) Mélanger tous les ingrédients dans le récipient d'un mélangeur électrique ou d'un robot culinaire, mélanger jusqu'à consistance lisse.

b) Couvrir et bien refroidir. Verser la soupe dans des bols à soupe individuels. Garnir de crème sure supplémentaire et de cannelle moulue.

78. Soupe de champignons au vin rouge

Ingrédient

- 50 GRAMMES; (2-3 oz) de beurre, (50 à 75)

- 1 gros oignon ; haché

- 500 grammes Champignons de Paris; tranché (1 lb)

- 300 millilitres de vin rouge sec ; (1/2 pinte)

- 900 millilitres de bouillon de légumes ; (1 1/2 pintes)

- 450 millilitres de crème double; (3/4 pinte)

- Un petit bouquet de persil frais; haché finement, pour garnir

les directions

a) Faire fondre 25 g (1 oz) de beurre dans une petite poêle à feu moyen-doux et faire revenir l'oignon pendant 2-3 minutes, jusqu'à ce qu'il soit juste ramolli, en remuant fréquemment.

b) Chauffez encore 25 g (1 oz) de beurre dans une grande casserole à feu moyen-doux.

c) Ajouter les champignons et les faire revenir pendant 8 à 10 minutes, jusqu'à ce qu'ils soient tendres.

d) Ajouter le vin et cuire encore 5 minutes. Ajouter le bouillon et l'oignon, et laisser mijoter doucement, sans bouillir, à feu doux, pendant 15 minutes.

e) Au moment de servir, réchauffer doucement la soupe à feu doux et incorporer la crème.

79. Borleves (soupe au vin)

Ingrédient

- 4 tasses de vin rouge ou blanc

- 2 tasses d'eau

- 1 cuillère à café de zeste de citron râpé

- 8 clous de girofle

- 1 bâton de cannelle

- 3 jaunes d'oeuf chacun

- $\frac{3}{4}$ tasse de sucre

les directions

a) Verser le vin et l'eau dans la casserole. Ajouter le zeste de citron râpé, les clous de girofle et la cannelle. Laisser mijoter à feu doux pendant 30 minutes.

b) Retirer du feu et jeter les clous de girofle et le bâton de cannelle. Dans le petit bol à mélanger, battre les jaunes d'oeufs avec un fouet à fils. Ajouter le sucre petit à petit et continuer à battre jusqu'à épaississement. Incorporer le mélange de jaunes d'œufs dans la soupe chaude.

c) Remettre la casserole sur le feu et porter à ébullition. Ne laissez pas la soupe bouillir ou les jaunes d'œufs se brouilleront. Servir dans des tasses chaudes.

80. Soupe au vin de cerise

Ingrédient

- 1 once de cerises rouges acidulées dénoyautées

- $1\frac{1}{2}$ tasse d'eau

- $\frac{1}{2}$ tasse) de sucre

- 1 cuillère à soupe de tapioca à cuisson rapide

- $\frac{1}{8}$ cuillère à café de clous de girofle moulus

- $\frac{1}{2}$ tasse de vin rouge sec

les directions

a) Dans une casserole de $1\frac{1}{2}$ pinte, mélanger les cerises non égouttées, l'eau, le sucre, le tapioca et les clous de girofle. Laisser reposer 5 minutes. Porter à ébullition.

b) Baisser la température; couvrir et laisser mijoter 15 minutes en remuant de temps en temps.

c) Retirer du feu; incorporer le vin. Couvrir et réfrigérer en remuant de temps en temps. Donne 6 à 8 portions.

81. Soupe danoise aux pommes

Ingrédient

- 2 grosses pommes, évidées, parées

- 2 tasses d'eau

- 1 bâton de cannelle (2")

- 3 clous de girofle entiers

- $\frac{1}{8}$ cuillère à café de sel

- $\frac{1}{2}$ tasse) de sucre

- 1 cuillère à soupe de fécule de maïs

- 1 tasse de pruneaux frais, non pelés et tranchés

- 1 tasse de pêches fraîches, pelées et coupées

- $\frac{1}{4}$ tasse de porto

les directions

a) Mélanger les pommes, l'eau, le bâton de cannelle, les clous de girofle et le sel dans une casserole moyenne à grande.

b) Mélanger le sucre et la fécule de maïs et ajouter au mélange de purée de pommes.

c) Ajouter les prunes et les pêches et laisser mijoter jusqu'à ce que ces fruits soient tendres et que le mélange ait légèrement épaissi.

d) Ajouter le porto.

e) Garnir les portions individuelles d'une cuillerée de crème sure légère ou de yogourt à la vanille sans gras.

82. Salade de jello au vin de canneberge

Ingrédient

- 1 grand paquet. gelée de framboise

- $1\frac{1}{4}$ tasse d'eau bouillante

- 1 grande boîte de sauce aux canneberges entières

- 1 grande boîte non égouttée écrasée

- L'ananas

- 1 tasse de noix hachées

- $\frac{3}{4}$ tasse de porto

- 8 onces de fromage à la crème

- 1 tasse de crème sure

- Dissoudre la gelée dans de l'eau bouillante. Bien mélanger la sauce aux canneberges.

les directions

a) Ajouter l'ananas, les noix et le vin. Verser dans un plat en verre 9 x 13 pouces et réfrigérer pendant 24 heures.

b) Au moment de servir, remuer le fromage
    à la crème jusqu'à ce qu'il soit tendre,
    ajouter la crème sure et bien battre.
    étaler sur Jello.

83. Moutarde de Dijon aux herbes et au vin

Ingrédient

- 1 tasse de moutarde de Dijon

- ½ cuillère à café de basilic

- ½ cuillère à café d'estragon

- ¼ tasse de vin rouge

les directions

a) Mélanger tous les ingrédients.

b) Réfrigérer toute la nuit pour mélanger les saveurs avant de l'utiliser. Conserver au réfrigérateur.

84. Bucatini au vin

Ingrédient

- 2 cuillères à soupe d'huile d'olive, divisée
- 4 saucisses de porc épicées à l'italienne
- 1 grosse échalote, tranchée
- 4 gousses d'ail, hachées
- 1 cuillère à soupe de paprika fumé
- 1 pincée de piment de Cayenne
- 1 pincée de flocons de piment rouge broyés
- Sel, au goût
- 2 verres de vin blanc sec,
- 1 boîte (14,5 onces) de tomates en dés rôties
- 1 livre de bucatini
- 1 cuillère à soupe de beurre non salé
- 1/2 tasse de parmesan fraîchement râpé
- 1/2 tasse de persil frais haché

les directions:

a) Dans une grande casserole ou un faitout, faites chauffer 1 cuillère à soupe d'huile d'olive à feu moyen. Ajouter la saucisse et cuire jusqu'à ce qu'elle soit dorée, environ 8 minutes.

b) Ajouter l'ail et cuire une minute de plus. Lorsque l'ail est parfumé et doré, ajoutez le paprika fumé, le poivre de Cayenne et les flocons de piment rouge. Assaisonnez avec du sel et du poivre.

c) Déglacer la poêle avec le vin en grattant les morceaux bruns du fond de la poêle.

d) Ajouter les tomates en dés rôties au feu et l'eau et porter à ébullition. Ajouter les bucatini et cuire.

e) Lorsque les pâtes sont cuites, incorporer la saucisse réservée, le beurre, le parmesan et le persil haché.

f) Assaisonnez au goût avec du sel et du poivre et dégustez !

85. Asperges au vin

Ingrédient

- 2 livres d'asperges

- Eau bouillante

- $\frac{1}{4}$ tasse de beurre

- $\frac{1}{4}$ tasse de vin blanc

- $\frac{1}{2}$ cuillère à café de sel

- $\frac{1}{4}$ cuillère à café de poivre

les directions

a) Lavez les asperges et coupez les extrémités. Déposer les lances dans une casserole peu profonde et couvrir d'eau bouillante salée pour couvrir. Porter à ébullition et laisser mijoter 8 minutes.

b) Égouttez et versez dans des ramequins beurrés. Faire fondre le beurre et incorporer le vin. Verser sur les asperges. Saupoudrer de sel et de poivre et de fromage. Cuire au four à 425' pendant 15 minutes.

86. Moutarde, côtelettes de gibier marinées au vin

Ingrédient

- 4 côtelettes de caribou ou de cerf

- $\frac{1}{4}$ cuillère à café de poivre

- 1 cuillère à café de sel

- 3 cuillères à soupe de moutarde moulue

- 1 verre de vin rouge

les directions

a) Frotter les côtelettes avec de la moutarde. Saupoudrez de sel et de poivre. Couvrir de vin et laisser mariner une nuit au réfrigérateur.

b) Griller ou griller au charbon de bois à moyen saignant badigeonner avec la marinade.

87. Ailes de poulet avec vinaigrette au vin

Ingrédient

- 8 ailes de poulet

- ¼ tasse de fécule de maïs

- 2 cuillères à café de sel

- 1 tasse d'huile d'olive

- 1 tasse de vinaigre de vin à l'estragon

- ¾ tasse de vin blanc sec

- ½ cuillère à café de moutarde sèche

- Basilic séché, Estragon, Origan et poivre blanc

- huile de friture

- Sel poivre

- 1 petite tomate

- ½ poivron vert moyen

- ½ petit oignon finement tranché en rondelles

les directions

a) Trempez le poulet dans la fécule de maïs
   mélangée avec 2 cuillères à café de sel
   et de poivre blanc.

b) Chauffer l'huile à une profondeur de $\frac{1}{2}$
   pouce dans une poêle épaisse et faire
   frire le poulet jusqu'à ce qu'il soit doré
   et tendre, environ 7 minutes de chaque
   côté.

c) Pour faire la vinaigrette, mélanger l'huile,
   le vinaigre, le vin, l'ail, la moutarde, le
   sucre, le basilic, l'origan et l'estragon.
   Assaisonner au goût avec du sel et du
   poivre.

d) Combiner les tranches de tomate, le
   poivron vert et les tranches d'oignon
   avec la vinaigrette et bien mélanger.

88. Oeufs en meurette

Ingrédient

- échalotes ; 6 pelés

- 2½ tasse de vin du Beaujolais; plus

- 1 cuillère à soupe de Beaujolais

- 2 champignons blancs; en quartiers

- 3 tranches de bacon ; 2 hachés grossièrement

- 4 tranches de pain français

- 3 cuillères à soupe de beurre ; ramolli

- 2 gousses d'ail ; 1 entier, écrasé,

- Plus 1 finement haché

- 1 feuille de laurier

- ½ tasse de bouillon de poulet

- 1¼ cuillère à soupe Farine

- 1 cuillère à soupe de vinaigre de vin rouge

- 4 gros oeufs

- 1 cuillère à soupe de persil

les directions

a) Faire rôtir les échalotes jusqu'à ce qu'elles soient bien dorées, en les arrosant avec ½ tasse de vin. Ajouter les champignons à la poêle; passer sous le gril chaud pendant 5 minutes, ajouter le bacon grossièrement haché et griller.

b) Préparez les croûtes : frottez les tranches de pain avec une gousse d'ail écrasée et placez-les sur une plaque à pâtisserie. Griller.

c) Pocher les œufs 2 minutes jusqu'à ce qu'ils soient juste pris.

d) Verser la sauce sur les œufs, saupoudrer de persil et servir immédiatement.

89. Risotto au vin rouge et champignons

Ingrédient

- 1 once de cèpes; séché

- 2 tasses d'eau bouillante

- $1\frac{1}{2}$ livre de champignons; cremini ou blanc

- 6 cuillères à soupe de beurre non salé

- $5\frac{1}{2}$ tasse de bouillon de poulet

- 6 onces de pancetta ; 1/4 pouce d'épaisseur

- 1 tasse d'oignon ; finement haché

- Romarin frais et sauge

- 3 tasses de riz arborio

- 2 tasses de vin rouge sec

- 3 cuillères à soupe de persil frais; finement haché

- 1 tasse de parmesan; fraîchement

les directions

a) Dans un petit bol, faire tremper les cèpes dans l'eau bouillante 30 minutes.

b) Cuire la pancetta à feu modéré. Ajouter les champignons cremini ou blancs finement hachés réservés, les cuillères à soupe restantes de beurre, l'oignon, le romarin, la sauge et le sel et le poivre au goût tout en remuant jusqu'à ce que l'oignon soit ramolli. Incorporer le riz et cuire.

c) Ajouter 1 tasse de bouillon frémissant et cuire, en remuant constamment, jusqu'à absorption.

90. Gaspacho au vin rouge

Ingrédient

- 2 tranches de pain blanc

- 1 tasse d'eau froide; plus si besoin

- 1 livre de grosses tomates très mûres

- 1 Poivron rouge

- 1 concombre moyen

- 1 gousse d'ail

- $\frac{1}{4}$ tasse d'huile d'olive

- $\frac{1}{2}$ tasse de vin rouge

- 3 cuillères à soupe de vinaigre de vin rouge; plus si besoin

- Sel et poivre

- 1 pincée de sucre

- Glaçons; (Pour servir)

les directions

a) Mettez le pain dans un petit bol, versez dessus l'eau et laissez tremper. Épépinez les tomates, coupez-les en travers et retirez les pépins. Couper la chair en gros morceaux.

b) Réduire les légumes en purée au robot culinaire en deux fois, en ajoutant l'huile d'olive et le pain trempé au dernier lot. Incorporer le vin, le vinaigre, le sel, le poivre et le sucre.

c) Répartir dans des bols, ajouter un glaçon et recouvrir d'une bande nouée d'écorce de concombre.

91. Riz et légumes au vin

Ingrédient

- 2 cuillères à soupe d'huile

- 1 oignon, haché

- 1 courgette moyenne, hachée

- 1 carotte moyenne, hachée

- 1 branche de céleri, hachée

- 1 tasse de riz à grains longs

- $1\frac{1}{4}$ tasse de bouillon de légumes

- 1 verre de vin blanc

les directions

a) Faire chauffer l'huile dans une casserole et faire revenir l'oignon. Ajouter le reste des légumes et remuer à feu moyen, jusqu'à ce qu'ils soient légèrement dorés.

b) Ajouter le riz, le bouillon de légumes et le vin blanc, couvrir et cuire 15-20 minutes jusqu'à ce que tout le liquide soit absorbé.

92. Bébé saumon farci au caviar

Ingrédient

- ½ tasse d'huile d'olive

- 1 livre d'os de saumon

- 1 livre de beurre

- 2 tasses de Mirepoix

- 4 feuilles de laurier

- Origan, Thym, Poivre en grains, blanc

- 4 cuillères à soupe Purée d'échalote

- ¼ tasse de cognac

- 2 tasses Vin, rouge

- 1 tasse Bouillon, poisson

les directions

a) Dans une sauteuse, faire chauffer l'huile d'olive.

b) Ajouter les arêtes de saumon dans la poêle et faire revenir environ 1 minute.

c) Ajouter le beurre (environ 2 cuillères à soupe), 1 tasse de mirepoix, 2 feuilles de laurier, ¼ cuillère à café de thym, ¼ cuillère à café de grains de poivre et 2 cuillères à soupe de purée d'échalote. Ajouter le cognac et flamber.

d) Déglacer avec 1 tasse de vin rouge et cuire à feu vif pendant 5 à 10 minutes.

e) Faire fondre le beurre. Ajoutez 2 cuillères à soupe de purée d'échalotes, 1 tasse de mirepoix, 2 feuilles de laurier, ¼ de cuillère à café de grains de poivre, ¼ de cuillère à café d'origan, ¼ de cuillère à café de thym et 3 tasses de vin rouge.

f) Déglacer Filtrer et réserver.

93. Riz pilaf à l'ail et au vin

Ingrédient

- 1 Zeste de 1 Citron

- 8 gousses d'ail, pelées

- $\frac{1}{2}$ tasse de persil

- 6 cuillères à soupe de beurre non salé

- 1 tasse de riz ordinaire (non instantané)

- $1\frac{1}{4}$ tasse de bouillon de poulet

- $\frac{3}{4}$ tasse de Vermouth sec

- Sel et poivre au goût

les directions

a) Hacher ensemble le zeste de citron, l'ail et le persil.

b) Chauffer le beurre dans une casserole lourde de 2 pintes. Cuire le mélange d'ail très doucement pendant 10 minutes. Incorporer le riz.

c) Remuer à feu moyen pendant 2 minutes. Mélanger le bouillon et le vin dans une casserole. Incorporer au riz; ajouter le sel et le poivre fraîchement moulu.

d) Drapez une serviette sur le pot et couvrez la serviette jusqu'au moment de servir.

e) Servez chaud ou à température ambiante.

94. Foie d'agneau basque sauce vin rouge

Ingrédient

- 1 verre de vin rouge sec

- 1 cuillère à soupe de vinaigre de vin rouge

- 2 cuillères à café d'ail frais haché

- 1 feuille de laurier

- $\frac{1}{4}$ cuillère à café de sel

- 1 livre de foie d'agneau

- 3 cuillères à soupe d'huile d'olive espagnole

- 3 tranches de bacon, hachées

- 3 cuillères à soupe Italien finement haché

- Persil

les directions

a) Mélanger le vin, le vinaigre, l'ail, le laurier et le sel dans un plat de cuisson en verre. Ajouter le foie et bien enrober de marinade.

b) Ajouter le bacon et cuire jusqu'à ce qu'il soit doré et croustillant. Égoutter sur du papier absorbant.

c) Retirer le foie de la marinade et éponger. Faire dorer le foie dans le jus de cuisson 2 minutes de chaque côté. Retirer sur un plat chauffé.

d) Verser la marinade dans une poêle chaude et faire bouillir, à découvert, jusqu'à ce qu'elle soit réduite de moitié. Répartir les lardons sur le foie, verser la marinade dessus et saupoudrer de persil.

95. Boeuf braisé au vin barolo

Ingrédient

- 2 gousses d'ail, hachées
- 3½ livres de bœuf, bas de ronde ou mandrin
- Sel poivre
- 2 feuilles de laurier, fraîches ou séchées
- Thym, séché, pincée
- 5 tasses Vin, Barolo
- 3 cuillères à soupe de beurre
- 2 cuillères à soupe d'huile d'olive
- 1 oignon, moyen, haché finement
- 1 Carotte, hachée finement
- 1 branche de céleri, finement hachée
- ½ livre de champignons blancs

les directions

a) Frotter l'ail dans la viande. Assaisonnez avec du sel et du poivre. Mettre la viande dans un grand bol. Ajouter les feuilles de laurier, le thym et suffisamment de vin pour couvrir la viande.

b) Faire fondre 2 cuillères à soupe de beurre avec l'huile dans une grande cocotte à fond épais. Lorsque le beurre mousse, ajouter la viande. Faire dorer la viande de tous les côtés à feu moyen.

c) Retirer la viande de la cocotte. Ajouter l'oignon, la carotte et le céleri dans la casserole. Faire revenir jusqu'à ce qu'ils soient légèrement dorés. Remettre la viande dans la cocotte. Verser la marinade réservée à travers une passoire sur la viande.

d) Faire fondre 1 cuillère à soupe de beurre dans une poêle moyenne. Faire sauter les champignons à feu vif jusqu'à ce qu'ils soient dorés. Ajouter les champignons à la viande et cuire 5 minutes de plus.

96. Crocodile braisé au vin blanc

Ingrédient

- $\frac{3}{4}$ tasse d'huile d'olive; plus

- 2 cuillères à soupe d'huile d'olive

- $1\frac{1}{2}$ livres de filets de scrod; couper 2x 2 morceaux

- $\frac{1}{4}$ tasse de farine pour le dragage; assaisonné avec

- 1 cuillère à café de bayou soufflé

- 1 cuillère à café d'ail haché

- $\frac{1}{2}$ tasse de tomates poires ou cerises

- $\frac{1}{4}$ tasse d'olives Kalamata; découpé en tranches

- 2 tasses de feuilles d'origan légèrement tassées

- $\frac{1}{4}$ tasse de vin blanc sec

- 1 cuillère à café de zeste de citron haché

les directions

a) Tremper les morceaux de poisson dans la farine assaisonnée en secouant l'excédent.

b) Placer délicatement tous les morceaux de poisson dans l'huile chaude et cuire 2 minutes.

c) Dans une grande sauteuse, faire chauffer les 2 cuillères à soupe d'huile d'olive restantes à feu moyen. Ajouter l'ail haché et cuire 30 secondes. Placer le poisson dans la poêle avec les tomates, les olives Kalamata, l'origan frais, le vin blanc, le zeste de citron, l'eau, le sel et le poivre.

d) Couvrir et cuire 5 minutes à feu moyen. Servir la sauce à la louche sur le poisson.

97. Calamars à l'umido

Ingrédient

- 16 petits calamars, frais

- ¼ tasse d'huile d'olive, extra vierge

- 1 cuillère à soupe d'oignon ; haché

- ½ cuillère à soupe d'ail; haché

- ¼ cuillère à café de poivron rouge ; écrasé

- ⅓ tasse Chardonnay

- ¼ tasse de bouillon de poisson

- 3 brins de persil, italien ; haché

- Sel poivre

les directions

a) Nettoyez et décortiquez les calamars si cela n'a pas déjà été fait par la poissonnerie. Faire chauffer l'huile d'olive dans une poêle à feu moyen.

b) Faire sauter, l'oignon, l'ail et le poivron rouge broyé pendant 30 secondes à feu moyen-vif, puis ajouter les calamars tranchés et tous les autres ingrédients.

c) Porter la poêle à ébullition et laisser mijoter environ trois minutes, jusqu'à ce que la sauce ait réduit d'environ un tiers. Pour deux entrées ou quatre entrées.

98. Queues de bœuf braisées au vin rouge

Ingrédient

- 6 livres de queues de boeuf

- 6 tasses de vin rouge

- $\frac{1}{2}$ tasse de vinaigre de vin rouge

- 3 tasses d'oignons cipollini ou d'oignons perlés

- $1\frac{1}{2}$ tasse de céleri, tranché

- 2 tasses de carottes, tranchées

- 1 cuillère à café de baies de genièvre

- $\frac{1}{2}$ cuillère à café de grains de poivre noir

- sel casher, poivre noir

- $\frac{1}{3}$ tasse de farine

- $\frac{1}{4}$ tasse d'huile d'olive

- $\frac{1}{3}$ tasse de pâte de tomate

- 2 cuillères à soupe de persil

les directions

a) Placer les queues de bœuf dans un grand bol non réactif. Ajouter le vin, le vinaigre, les oignons cipollini, le céleri, les carottes, les baies de genévrier, les grains de poivre et le persil.

b) Faire dorer les queues de bœuf sur toutes les faces, dans l'huile pendant 10 à 15 minutes.

c) Remettre les queues de bœuf dans la poêle avec la marinade, les baies de genévrier, les grains de poivre et 2 tasses d'eau. Incorporer la pâte de tomate jusqu'à dissolution. Couvrez et enfournez pour 2 heures.

d) Ajouter les légumes réservés. Laisser mijoter et rectifier l'assaisonnement

99. Poisson en cocotte au vin

Ingrédient

- 2 cuillères à soupe de beurre ou de margarine

- 1 oignon moyen, tranché finement

- $\frac{1}{2}$ tasse de vin blanc sec

- 2 livres de filets de flétan

- Lait

- 3 cuillères à soupe de farine

- Sel poivre

- $8\frac{1}{2}$ onces de petits pois en conserve, égouttés

- $1\frac{1}{2}$ tasse de nouilles frites chinoises

les directions

a) Faire fondre le beurre. Ajouter l'oignon et chauffer, à découvert, au four à micro-ondes, 3 minutes. Ajouter le vin et le poisson et chauffer.

b) Égouttez le jus de cuisson dans une tasse à mesurer et ajoutez suffisamment de lait pour que le jus de cuisson corresponde à 2 tasses.

c) Faites fondre les 3 cuillères à soupe de beurre ou de margarine au four à micro-ondes pendant 30 secondes.

d) Incorporer la farine, le sel et le poivre. Incorporer graduellement le mélange liquide de poisson réservé.

e) Chauffer, à découvert, au four à micro-ondes 6 minutes en remuant fréquemment jusqu'à épaississement et consistance lisse. Ajouter les pois à la sauce.

f) Ajouter la sauce au poisson dans la cocotte et remuer doucement. Chauffer, à découvert, au four à micro-ondes 2 minutes. Saupoudrer les nouilles sur le poisson et faire chauffer. Servir

100. Côtelettes de porc grillées infusées au vin

Ingrédient

- 2 bouteilles (16 onces) de vin de cuisine rouge Holland House®
- 1 cuillère à soupe de romarin frais haché
- 3 gousses d'ail, hachées
- ⅓ tasse de cassonade tassée
- 1 ½ cuillères à café de sel de table
- 1 cuillère à café de poivre fraîchement moulu
- 4 (8 onces) côtelettes de porc coupées au centre, 3/4 pouce d'épaisseur
- 1 cuillère à café de poudre de piment ancho

les directions

a) Verser le vin de cuisson dans un récipient non métallique. Ajouter le sucre, le sel et le poivre; remuer jusqu'à ce que le sucre et le sel soient dissous. Incorporer l'infusion de saveur refroidie.

b) Placer les côtelettes de porc dans la saumure afin qu'elles soient complètement submergées.

c) Préchauffer le gril à feu moyen-doux, 325-350 degrés F.

d) Griller 10 minutes; retourner et griller 4-6 minutes.

e) Retirer, couvrir de papier d'aluminium et laisser reposer 5 minutes avant de servir.

CONCLUSION

Les fabricants de recettes modernes passent beaucoup de temps à vanter les mérites des infusions, des teintures et des plats infusés au vin faits maison. Et pour cause : les sirops et liqueurs sur mesure permettent aux bars de créer des cocktails signature qui ne peuvent pas toujours être reproduits.

La plupart des ingrédients peuvent être utilisés pour infuser avec du vin. Cependant, les ingrédients qui contiennent de l'eau naturelle, comme les fruits frais, ont tendance à mieux fonctionner.

Cependant, le choix vous appartient et l'expérimentation fait partie du plaisir. Quoi que vous essayez, les résultats seront agréables!